L'AMOUR
DE L'IDÉAL AU RÉEL

COLLECTION UNIVERS DES LETTRES

Série Thématique

L'AMOUR
DE L'IDÉAL AU RÉEL

par

Jean-Louis Lecercle

Professeur à l'Université de Paris X

BORDAS

Paris-Bruxelles-Montréal

Ce livre a été édité
sous la direction de Georges DÉCOTE

CHAPITRE IV. LE DIX-SEPTIÈME SIÈCLE

● Introduction :

CHAPITRE V. LE DIX-HUITIÈME SIÈCLE

CHAPITRE VI. LE DIX-NEUVIÈME SIÈCLE

● Introduction :

CHAPITRE VII. LE VINGTIÈME SIÈCLE

● Introduction :

● PRÉFACE

A la différence de la plupart des ouvrages de littérature à vocation scolaire ou universitaire, axés pour l'essentiel sur l'étude d'un siècle, d'un auteur ou d'une École, la présente collection se propose de partir d'un thème aux résonances actuelles et d'analyser la manière dont il fut perçu tout au long de l'histoire littéraire. Chaque volume se présente d'abord comme un recueil des textes les plus représentatifs du sujet traité — qu'il s'agisse d'étudier par exemple le thème du héros, celui de l'enfance ou celui du suicide, pour ne mentionner que ceux-là. Ces extraits sont pour la plupart choisis dans la littérature française, mais certains des passages les plus significatifs de telle ou telle œuvre étrangère peuvent également figurer en traduction.

La présentation thématique nous paraît offrir une approche méthodologique nouvelle de la littérature : plus variée, plus suggestive, plus propre à éveiller davantage l'intérêt du lecteur. Il ne s'agit plus en effet d'une prospection nettement délimitée dans le temps, mais d'une coupe horizontale courant le plus souvent du Moyen Age à nos jours et permettant de mieux saisir la physionomie d'une époque à travers le point de vue qu'elle peut avoir sur tel problème déterminé. Il ne s'agit plus de revenir sans cesse à quelques grands textes étudiés uniquement pour eux-mêmes, mais d'examiner par exemple quelle conception l'on se fit du bonheur ou du progrès au cours des siècles. Il ne s'agit plus exclusivement de littérature française, mais de littérature comparée et d'histoire des idées, parfois même de sociologie ou d'économie, lorsque s'y prête le thème choisi.

Un tel élargissement de perspective est particulièrement fructueux — ne serait-ce qu'à titre de complément des programmes traditionnels — au niveau des Premières et des Terminales des lycées, des classes préparatoires aux Grandes Écoles et du premier cycle des Facultés des Lettres ou de certains instituts. Et cela d'autant plus que le point de vue adopté est toujours délibérément moderne. On a trop souvent reproché aux classes de Lettres d'être coupées de la vie et des problèmes contemporains pour que l'on ne saisisse point ici l'occasion d'exercer la réflexion des étudiants sur des notions aussi actuelles que celles de l'argent, du rêve ou de la révolte, pour n'en citer que quelques-unes. N'est-ce point là une manière d'aborder l'histoire littéraire sous un jour nouveau, de redécouvrir littéralement certains ouvrages ou certains auteurs dont une fréquentation routinière masque parfois l'actualité ?

L'analyse thématique, outre qu'elle entraîne souvent un intérêt spontané, se prête bien à l'individualisation du travail par la variété des exercices qu'elle suscite :

— *recherche de textes complémentaires portant sur le thème étudié ;*

— *comparaison entre des extraits d'époques et d'auteurs différents ;*

— *lecture de telle ou telle œuvre d'où sont tirés les passages cités, suivie d'un compte rendu et d'un débat ;*

— *commentaires de textes ;*

— *exposés et discussions portant sur un ouvrage critique consacré au thème choisi ;*

— *essais libres dans le cadre du sujet traité.*

On en arrive ainsi à une étude « sur mesure », variable selon le niveau du groupe ou des éléments qui le composent, et permettant d'exercer l'esprit critique de chacun. C'est donc au professeur que revient la responsabilité fondamentale : celle d'élaborer pour chaque type de classe, à partir de ces documents de travail que constituent les textes proposés, un programme de réflexion et d'exercices adapté à un public dont il connaît mieux que personne les forces et les faiblesses.

La rénovation des méthodes pédagogiques est aujourd'hui plus que jamais à l'ordre du jour dans tous les domaines d'enseignement. Elle nous paraît tout particulièrement nécessaire en ce qui concerne la littérature si l'on ne veut point que ce terme devienne pour certains synonyme de bavardage ou d'ennui. Cette collection ne se propose pas d'autre but que d'apporter une modeste contribution à cette tâche.

Le Directeur de la Collection.

● CHAPITRE I

PRÉSENTATION DU THÈME

● TRAITS GÉNÉRAUX DE L'AMOUR IDÉALISÉ

L'amour, lié à la vie humaine, garde à travers l'histoire des caractères immuables. Et pourtant il se transforme sans cesse. Ce qui est permanent, c'est l'instinct sexuel, que l'homme possède en commun avec les animaux. Mais l'amour est beaucoup plus que la satisfaction d'un instinct. L'animal s'accouple avec le premier individu du sexe opposé qu'il rencontre. L'être humain choisit, et aussitôt que ce choix est fixé, s'il aime vraiment, seul l'élu compte encore pour lui, le sexe dans son ensemble n'est plus rien. Dans le choix entrent en jeu des facteurs très variés, et ce sont eux qui évoluent. D'une époque à l'autre, mieux encore, dans une même époque mais dans des pays différents, dans un même pays mais dans des milieux différents, on ne cherche pas les mêmes qualités dans l'être aimé. Les mots d'amour changent de sens à travers les siècles, le halo affectif qui les entoure se modifie d'une classe à l'autre avec le mode de vie, et ils ont un contenu différent selon qu'ils sont prononcés par un banquier ou un ouvrier. La fonction biologique reste la même, mais la société change, et avec elle, la culture et les besoins sentimentaux. C'est ainsi que dans la société française d'aujourd'hui il règne dans la jeunesse des deux sexes une camaraderie, une liberté de relations qui auraient fort surpris il y a seulement une génération. Faut-il se louer de cette franchise nouvelle? Faut-il s'effrayer du danger de dévergondage? Laissons aux moralistes et aux sociologues le soin d'en décider. Ce qui est sûr, c'est que les rapports entre les sexes sont marqués d'un autre style qu'autrefois. Et pourtant tout n'est pas nouveau. L'amour n'est pas seulement un sentiment, c'est un art (l'art d'aimer) sur qui pèse tout un ensemble de traditions que nous apportent la littérature, la musique, les arts plastiques. Les amants mythiques : Tristan et Yseut, Don Juan, etc., ou historiques : Héloïse, Pétrarque et Laure, etc., sont toujours présents parmi nous et conditionnent notre façon d'aimer. Voyons par exemple Félix de Vandenesse (1) qui prétendait aimer Mme de Mortsauf comme Pétrarque avait aimé Laure cinq siècles auparavant. Le couple illustre était pour les deux héros de Balzac un exemple. En tentant de le suivre ils s'engageaient dans une voie sans issue, car dans la société que dépeint Balzac, l'amour pleinement spiritualisé que chante le *canzoniere* n'est plus possible; du moins il ne peut pas rester longtemps lui-même. L'influence de Pétrarque n'en est pas moins réelle. Quand on sait que le grand poète italien avait lui-même derrière lui l'exemple des troubadours provençaux, on voit qu'une chaîne continue relie les héros balzaciens au Moyen Age. Or cette chaîne se prolonge depuis l'époque romantique jusqu'à nos jours à travers tous les poètes, les romanciers, les dramaturges, les moralistes, les philosophes qui ont chanté, décrit, analysé, expliqué le sentiment amoureux.

La langue française ne dispose que du mot amour pour désigner tout un ensemble de sentiments, de passions et de conduites pour lesquels le grec ancien offrait des mots différents sans les regrouper sous un vocable unique (2). Distinguons ici seulement trois aspects de l'amour.

Il y a d'abord ce qu'on peut appeler tout simplement l'amour,

---

1. Héros du *Lys dans la vallée* de Balzac.
2. Voir Denis de Rougemont : *Les Mythes de l'amour* (p. 15) selon qui l'existence d'un terme générique pour désigner l'amour est un fait propre à la culture occidentale, les langues de l'Asie ignorant ce mot comme le grec.

qui vise à l'union complète des amants, à la fois physique et morale. Le mariage est sa sanction légitime. On peut discuter sur ses possibilités de durée, sur le sens exact des mots : union complète. Le couple peut-il se fondre totalement dans la solitude à deux? Ou peut-il durer seulement par la présence au monde, par l'acceptation de tâches communes, familiales, professionnelles ou civiques? Les réponses varient à l'infini, dans la littérature comme dans la vie. En tout cas dans notre société, fondée sur la famille monogamique, un tel amour existe, sa valeur est affirmée par les morales prédominantes, et sa durée est plus contestée que sa réalité.

A côté de cette forme ordinaire, il en est deux autres, que, sans moralisme excessif, on peut qualifier de déviations : le libertinage et l'amour idéalisé. Le libertinage, c'est la recherche exclusive dans l'amour, du plaisir sexuel, indépendamment des partenaires qui peuvent le procurer. Il peut prendre deux formes, le don juanisme et le sadisme. Chez Don Juan ce n'est pas encore le plaisir sexuel à l'état pur qui est le but suprême. C'est surtout le plaisir de la chasse. Don Juan désire la femme, il désire un très grand nombre de femmes, et la tentative de conquérir suit toujours chez lui le désir. Mais, le désir est instantanément éteint par la possession. Une femme n'est jamais pour lui qu'un objet, objet de poursuite, objet de plaisir. Lui seul est une personne. Pour Sade, il n'y a rien de vrai dans l'amour que le plaisir sexuel, seul voulu par la nature. Tout le reste est convention sociale ou religieuse. Sade a été le théoricien, le romancier et le poète du plaisir, affirmant avec une violence saisissante le droit égoïste de l'individu à la satisfaction du corps. On peut contester qu'il soit légitime de parler encore d'amour dans ce cas. Et il est peu de romans qui soient aussi dénués d'amour que ceux de Sade. Mais il n'est qu'un cas extrême. Il est bien plus fréquent que dans les relations amoureuses l'attrait physique l'emporte sur tout le reste, sans toutefois le supprimer. L'amour s'éteint alors plus vite, car des personnes réduites à leur corps sont plus facilement interchangeables. C'est cela qui justifie l'emploi du mot déviation. L'amour complet s'adresse à une personne et à elle seule. La recherche prédominante du plaisir sexuel ou érotisme conduit au libertinage, c'est-à-dire, comme Don Juan, aux amours rapides et changeantes.

Déviation inverse, l'amour idéalisé, qui prétend s'adresser à l'âme et à elle seule, au mépris des droits du corps. En fait la nature est trop impérieuse pour laisser violer ses droits, et il est très rare que la chasteté absolue soit durable dans l'amour. L'amour platonique — ainsi appelle-t-on celui qui peut faire totalement abstraction du désir physique — ne se rencontre pas souvent, ni dans la littérature ni dans la vie. L'amour subit l'érosion du temps. Chez l'homme normal le désir se mêle inévitablement à l'adoration. L'amour se réalise, ou il se lasse. A l'inverse, rare est le véritable amour qui ne comporte pas sa part d'idéalisation. C'est cette part-là qui est l'objet du présent livre. L'amoureux, comme l'a montré Stendhal, « cristallise », c'est-à-dire qu'il ne voit pas l'être aimé tel qu'il est réellement; il le pare de toutes sortes de qualités et le revêt, par l'imagination, de cristal. En un mot, il l'idéalise. Ajoutons, ce que Stendhal ne précise pas, que, quand l'amour diminue, le cristal fond, et la personne réelle reparaît. Il y a donc une évolution perpétuelle de l'amour entre l'idéal et la réalité. Il est dans la nature de l'amour de tendre vers l'adoration, et de décliner.

Mais sur les amants pèsent des traditions qui sont fixées dans un langage. Les amants n'inventent pas leurs moyens d'expression, ou ne les inventent que pour une très faible part. Ils les reprennent, tout faits. Il n'y a pas seulement un langage traditionnel de l'amour, il y a toute une rhétorique, élaborée depuis l'Antiquité, et qui se transforme très lentement. Les sentiments et les passions se manifestent dans des cadres préformés. Dans quelle mesure ce langage exprime-t-il vraiment le sentiment personnel, la passion? Dans quelle mesure les recouvre-t-il sous la convention? C'est la difficulté à laquelle se heurte souvent l'explication littéraire. Qui exprime sa passion par le langage se dédouble. La passion devient à la fois sujet et objet. Sujet, elle chante, et l'on obtient un poème lyrique, à condition que le langage soit maîtrisé par un créateur lucide. Objet, elle est expliquée, analysée par un sujet qui doit nécessairement retrouver le calme, la froideur qu'elle exclut. Expliquer, cela veut dire recourir à des lois, ranger le fait individuel dans un cas général, recourir à l'expérience universelle, c'est-à-dire le plus souvent à la tradition littéraire. Mais en même temps, l'amant a tendance à affirmer que son amour est unique, que nul n'a jamais aimé comme lui ni plus que lui. Car l'amour le plus sincère est rusé. Il lui faut conquérir, ou garder, au moins le cœur de l'être aimé. Mais par une contradiction frappante il est le plus souvent amené

ar cest celle qui la bonte
e fist si grant quele mourut
e guichier du vergier flouri
en ncie pourtraite

pres se tint mien eiaeint
Jennece a uuus cler et luisant
Qui ne uoit pas econ passees
coue eut xv. ans dasses
i ente fu si ne pensoit
ul mal ne nul enging q̃ soit

Le Roman de la rose

à affirmer son unicité en recourant aux hyperboles, aux images, aux figures de style des amants qui l'ont précédé. Or ces figures s'usent en se banalisant. Elles perdent leur pouvoir expressif. Il faut donc raffiner, aller plus loin, en trouver de nouvelles. Voici que l'ingéniosité se mêle à la passion, et parfois se substitue à elle. Il s'agit moins de briller par la violence de sa flamme que par la subtilité de son intelligence. L'amant se fait bel esprit. La passion s'affadit dans la préciosité, la courtoisie devient galanterie; elle n'est plus qu'un jeu, elle se soumet à un code. La littérature amoureuse est ainsi placée devant deux nécessités contraires : exprimer avec intensité, avec sponta-néité, un sentiment, et le disséquer lucidement par l'analyse la plus fine. Et les plus beaux textes sont ceux qui parviennent à réunir ces deux exigences dans les mêmes formules. La passion la plus authentique ne prend forme littéraire qu'en maîtrisant un langage que les plus grands écrivains transforment sans doute, mais qu'ils empruntent pour l'essentiel à la tradition. Lorsque l'amant adore sa dame, il faut pouvoir distinguer entre la tendance naturelle de la passion à déformer et embellir son objet, et le recours aux conventions, qui peut lui-même appeler bien des explications. Car ce n'est pas toujours par pauvreté d'invention que l'écrivain recourt au tout-fait. Dans les décla-rations d'amour les plus hyperboliques se glissent parfois les mots convenables et convenus que la dame attend comme des politesses, ou comme le jeu dont elle est la partenaire ou la complice, la préciosité étant souvent une forme d'humour.

L'amour idéalisé est un fait de culture, non de nature. Il relève de diverses causes. Signalons tout de suite le rôle de la religion. Un certain christianisme, issu de saint Paul, a identifié le péché avec l'acte de chair (1). D'autre part dans la doctrine chrétienne l'amour est une des premières vertus (*caritas*). C'est l'amour qui relie Dieu et ses créatures. Dieu est amour. Rien d'étonnant qu'un esprit religieux, habitué par son éducation à voir dans l'acte sexuel l'œuvre du démon, refoule ses désirs et s'adresse à la femme aimée dans les termes qui conviennent à l'adoration religieuse. On a souvent signalé combien la Dame des troubadours avait tendance à s'identifier à Notre-Dame, et

---

1. Le mariage est le plus souvent présenté chez saint Paul comme un moindre mal, la chasteté absolue étant la voie la plus sûre vers le salut.

il est remarquable que le culte de la Vierge se soit développé dans l'Église, surtout à partir des XIIe et XIIIe siècles, précisément à la belle époque de la poésie provençale. Si bien que les médiévistes se demandent quel lien de causalité unit les deux faits. Il est certes bien des chrétiens qui refusent le puritanisme et n'admettent pas que la femme soit à l'origine du péché. C'est le cas de Claudel par exemple. L'amour pour lui est une voie du salut, par le sacrifice.

Un trait capital de l'amour idéalisé est l'extrême jeunesse de l'amant dans un grand nombre de cas. Il n'est parfois que le prolongement des amours enfantines. L'adolescent qui n'a pas encore atteint son plein équilibre est partagé par des besoins affectifs et des désirs sexuels qui ne se recoupent pas. C'est l'amie d'enfance qui est l'objet d'une affection très pure; plus souvent le cœur se porte vers une femme plus âgée en qui l'on trouve une mère, surtout si l'on a été privé de tendresse maternelle. Et l'amour tourne en une pudique adoration, tandis que les désirs sexuels, encore faibles et intermittents, sont refoulés ou bien, plus impérieux, trouvent les satisfactions les plus faciles et les plus grossières, en dehors de tout lien sentimental. Le jeune homme vit dans deux mondes séparés; tantôt ange, tantôt bête. L'amour idéalisé est alors le fait d'une sexualité qui n'est pas encore parvenue à maturité. Mais bientôt l'adulte perce sous l'adolescent, et l'amour se normalise si son objet est libre et répond. Si par contre il y a un obstacle, si la dame est mariée, le désir se trouve refoulé, l'adoration se prolonge, et l'on aboutit aux situations les plus diverses que d'innombrables romans ont décrites. Une autre loi est l'importance de l'obstacle. On peut poser comme un principe très général qui souffrira beaucoup d'exceptions, que l'amour idéalisé est celui qui ne peut être satisfait. La femme possédée ne peut plus être qu'une femme réelle, avec toutes ses vertus ou avec tous ses vices, selon le cas. D'où l'idée (fausse) que nous trouverons souvent exprimée, que l'amour est éteint par la possession. Il change seulement de contenu. L'amant non satisfait se porte tout entier vers l'être aimé, soit pour l'adorer, soit pour le désirer, le plus souvent pour les deux à la fois, et le reste du monde n'est plus rien pour lui. Si le sentiment est réciproque, le couple uni seulement par les liens du cœur a tendance à s'abstraire de tout ce qui risquerait de le détourner de la passion. Mais sitôt l'obstacle rompu, l'amour peut s'insérer dans tout un réseau d'activités, de soucis, de devoirs à remplir. Le couple reste uni, mais il n'est pas seul. L'être aimé n'est plus le tout, il reste un élément nécessaire du tout.

Tout cela peut être considéré comme des lois psychologiques, non pas éternelles — qui dira comment aimait l'homme des cavernes? — mais permanentes, au point que le chant de l'amour résonne à travers les siècles un peu de la même façon. Et pourtant il y a bien une histoire de l'amour, parce que non seulement il résulte de faits psychologiques constants, mais il se modifie d'une société à l'autre, et plus précisément, il évolue en même temps que la condition de la femme.

● AMOUR ET CONDITION DE LA FEMME

L'histoire de la femme est celle d'une servitude. Selon Engels (1), la femme, dans l'histoire de l'humanité, n'a pas toujours été tenue dans une condition inférieure. Avant l'apparition de la propriété privée, il y avait au contraire des sociétés matriarcales où elle jouait un rôle prédominant. Quand l'esclavage est apparu, l'homme dont le rôle était de procurer la nourriture et les instruments de travail nécessaires à cet effet, était propriétaire de ces derniers, essentiellement le bétail et les esclaves. La société passa du droit matriarcal au droit patriarcal, et ce fut là, suivant Engels, la grande défaite historique du sexe féminin. Ces thèses sont aujourd'hui contestées par certains ethnologues, et pour Simone de Beauvoir (2), même dans la société matriarcale, il n'y a jamais eu de règne de la femme qui a toujours été tenue par l'homme en état d'infériorité. Cependant, si les thèses d'Engels doivent être aujourd'hui nuancées en raison des découvertes de l'ethnologie, il reste vrai que dans les sociétés esclavagistes, en Grèce et à Rome, la femme s'est trouvée dans une condition bien plus humiliée que dans les sociétés barbares, par exemple chez les Germains qui en étaient restés à un stade antérieur de l'évolution humaine. La société féodale n'a pas mieux traité la femme qui vivait toujours dans la dépendance, d'abord de son père, puis de son mari. Dans toute société fondée sur la propriété privée, tout se vend et s'achète, tout, y compris les femmes, objets de plaisir

---

1. *Les Origines de la famille.*
2. *Le Deuxième Sexe.*

ou instruments de reproduction. D'autre part l'homme lègue ses biens à ses enfants. Il lui importe de ne pas risquer de les léguer à un intrus. D'où le fait que l'on exige des femmes une vertu que la morale prédominante n'impose pas aux hommes au même degré. Le mariage étant une affaire d'intérêt, les époux ne s'étant pas choisis eux-mêmes mais ayant été choisis par leurs parents, pour des raisons de rang social ou d'argent, l'un et l'autre trouvent dans leur union non pas l'amour mais l'ennui. L'homme tente d'y échapper en recourant soit à la prostitution (les *hétaïres* de l'Antiquité), soit à l'adultère, et les mœurs admettent plus ou moins ces substitutions qu'elles interdisent à la femme. Celle-ci, bien entendu, se défend et se venge. Ou bien elle transforme en enfer la vie conjugale, et depuis Socrate la littérature est pleine des lamentations des hommes contre le caractère acariâtre de leurs épouses. Ou bien elle recourt elle aussi à l'adultère. A la contrainte elle oppose la ruse et le mensonge. Elle lutte aussi pour conquérir des droits. Dans les derniers siècles, parallèlement au développement des idées démocratiques, s'est affirmé de plus en plus le principe de l'égalité des sexes. En France, le code Napoléon consacrait encore l'infériorité de la femme, toujours en puissance paternelle ou maritale. Mais l'extension de la grande industrie lui a donné un rôle économique qui tend à se rapprocher de celui des hommes, et par conséquent sa condition juridique s'améliore. Depuis la dernière guerre l'égalité des droits est à peu près complètement réalisée, ce qui ne signifie pas que la véritable égalité règne dans les mœurs. Simone de Beauvoir fait observer justement que la connaissance de leur statut juridique ne suffit pas pour juger du sort réel des femmes à travers l'histoire. La femme, même en tutelle, peut être respectée. Et c'est ici que la littérature joue son rôle. On peut soutenir que la courtoisie, puis la galanterie, sont des compensations littéraires que la femme, humiliée par son statut juridique, et aspirant à la dignité, a arrachées au sexe fort.

● L'HÉRITAGE ANTIQUE

« L'amour, a dit Gustave Cohen, est une grande découverte du Moyen Age, et en particulier du XIIᵉ siècle français » (1). Il

---

1. *La Grande Clarté du Moyen Age*, Paris, 2ᵉ édit. , 1945, p. 85.

rejoignait, peut-être sans le savoir, une opinion d'Engels (1). Cette formule doit être aujourd'hui nuancée, car nous savons que les troubadours ont reçu l'influence de poètes arabes antérieurs au XIIᵉ siècle. Elle reste vraie relativement à l'Antiquité. Dans les littératures gréco-latines, l'amour est le plus souvent représenté comme une blessure, une maladie qui rend fou et qui est envoyée par les dieux. Phèdre est victime d'une passion infligée par Aphrodite qui se venge à ses dépens du mépris d'Hippolyte. Passion qui conduit Phèdre à la déchéance et à la mort. Didon s'éprend d'Énée parce que telle est la volonté de Vénus, mère d'Énée, qui sacrifie cette femme à la mission de son fils, lequel doit survivre pour assurer la naissance future de l'Empire romain. La reine *blessée* (*regina saucia*) meurt victime de cette passion.

Pour les anciens l'amour se limite souvent au plaisir physique. C'est lui que codifie Ovide dans *L'Art d'aimer*, qui a été très lu au Moyen Age. C'est le manuel du séducteur sans scrupule. Livre I : Comment conquérir une belle? Il s'agit d'une chasse. La femme n'est qu'un gibier, d'ailleurs facile : « toutes les femmes peuvent être prises »... « sur mille il y en aura une à peine pour te résister ». Toutes les ruses sont bonnes avec les femmes, qui ne méritent pas mieux : « Trompe celles qui te trompent. Dans la plupart des cas c'est une race sans scrupules ». Livre II : comment garder la belle, une fois conquise? Il n'est nulle part question de sentiment sincère. Le mensonge est la base de la stratégie ovidienne. Le livre III s'adresse aux femmes, pour leur conseiller de s'amuser pendant qu'elles sont jeunes. « Je n'enseigne que des amours légères. » Ce traité si célèbre illustre bien le mépris dans lequel était tombée la femme dans la société esclavagiste. On sait qu'à Athènes les femmes menaient une vie très retirée dans le gynécée. Elles ne paraissent pas quand le maître de la maison reçoit. Seules des femmes qui mènent une vie irrégulière, comme Aspasie, peuvent, à force de talent et de charme, parvenir à s'imposer dans la vie mondaine et dans la vie publique. A Rome la situation de la femme est plus digne. Les matrones sont respectées. Certaines d'entre elles ont laissé un nom. L'attachement conjugal, la fidélité et le dévouement réciproques sont des valeurs parfois

---

1. *Origines de la famille*, Paris, Éditions sociales, 1954, p. 68 et 74.

célébrées à Rome, comme dans cet *Éloge funèbre d'une matrone romaine* (1), épitaphe où le mari conte l'histoire du dévouement de sa femme qui a voulu divorcer parce qu'elle était stérile, pour qu'il pût en épouser une autre, plus féconde. Il s'est d'abord indigné de cette proposition, qu'il a refusée. Il en célèbre maintenant l'héroïsme. Significatif est toutefois le fait que dans un texte qui glorifie en termes émouvants un attachement conjugal exemplaire, le mot amour ne figure pas. Il s'agit seulement de *caritas* qui peut désigner toute espèce d'affection familiale, ou de *pietas*, qui exprime un attachement imposé par le devoir. De façon générale, si les poètes gréco-latins ont créé un langage amoureux, une rhétorique amoureuse, dont l'amant se sert pour conquérir une belle, si l'anthologie grecque par exemple, est pleine de comparaisons, d'images, d'hyperboles (2), que la poésie médiévale, puis celle de la Renaissance reprendront, l'Antiquité ne nous a guère légué de peinture d'un sentiment noble, enrichissant, dont la femme fût l'objet.

La théorie platonicienne de l'amour confirme ce fait. Dans *Le Banquet* de Platon, Socrate rapporte ce qu'une femme, qu'il nomme Diotime, lui a enseigné sur l'amour. Il y a trois degrés de l'amour. Le degré inférieur est l'amour de la beauté physique d'un individu (quel que soit son sexe; l'amour à Athènes est souvent homosexuel); plus haut on trouve l'amour de la beauté, partout où elle se trouve, mais surtout dans les âmes; enfin, degré suprême, l'amour de la beauté absolue, éternelle :

« Voilà quelle est en effet la droite méthode pour accéder de

---

1. Texte établi et traduit par Marcel Durry, « Les Belles Lettres », Paris, 1950.
2. De nombreux thèmes et moyens d'expression qui seront repris par les pétrarquistes puis les précieux se trouvent déjà dans l'anthologie grecque et la poésie latine. Chez Méléagre, le poète est poursuivi sans trève par Amour. Il le prie d'exaucer ses désirs, sinon il mourra. Il s'étonne que Vénus, née de l'eau de mer, puisse brûler. Il aime mieux la voix de sa dame que la lyre d'Apollon. Amour, quand il s'enfuit, va se blottir dans les yeux de sa belle. Les lys, les roses et les narcisses sont moins beaux qu'elle. Paul le Silentiaire a les mains liées par un cheveu; mais c'est un lien indissoluble. Il se sent mourir vivant. Cupidon a vidé tout son carquois sur lui, il s'est coupé les ailes dans son cœur. L'amant se plaint de ses yeux, il souffre d'avoir regardé trop la beauté qui les a baignés de larmes. Macedonius prie le soleil de ralentir sa course pour pouvoir contempler plus longtemps sa belle. Ses plaies sont inguérissables. Agathon le Scolastique pleure toute la nuit; l'absence de sa belle est une nuit très obscure, sa présence est une lumière. Tel autre désire être le vent, s'il voit dans la rue le sein de sa belle. Voir Maurice Scève, *Délie*, édit. Parturier, Paris 1961, p. XVII-XIX.

soi-même aux choses de l'amour ou pour y être conduit par un autre : c'est, prenant son départ avec, pour but, cette beauté surnaturelle, de s'élever sans arrêt, comme au moyen d'échelons : partant d'un seul beau corps de s'élever à deux, et partant de deux de s'élever à la beauté des corps universellement; puis, partant des beaux corps, de s'élever aux belles occupations; et partant des belles occupations, de s'élever aux belles sciences, jusqu'à ce que, partant des sciences, on parvienne, pour finir, à cette science sublime, qui n'est science de rien d'autre que de ce beau surnaturel tout seul, et qu'ainsi, à la fin, on connaisse, isolément, l'essence même du beau » (*Le Banquet*, 211 b et c, traduction Robin, « Les Belles Lettres »).

Ainsi l'amour est une aspiration de l'âme, qui est d'origine divine, à la beauté, qui est une idée divine, et dont elle aperçoit un reflet dans la personne aimée. La démarche du véritable amour consiste à s'élever du corps à l'âme, et de l'âme à Dieu, seul objet vraiment digne de l'amour. C'est donc une ascèse, une élévation progressive vers le bien absolu qui est Dieu. Le véritable amour exclut le désir physique. Cette théorie a exercé une grande influence au Moyen Age, où l'on disposait de traductions du *Banquet*, où l'on connaissait Platon par l'intermédiaire de Boèce et de Cassiodore, et surtout des Arabes. Elle a joué son rôle dans le développement de la fin' amors, conception propre aux troubadours.

● LA FIN' AMORS

Au XIIIᵉ siècle, dans tout le sud de l'actuelle France, c'est-à-dire du Poitou et du Limousin à la Provence dans le sens moderne du mot, s'épanouit une civilisation brillante, très en avance sur le Nord. Autour de la haute noblesse, relativement indépendante, se forment des cours où se développe une vie mondaine. Une petite noblesse, souvent sans terres (c'est le fondement social d'un thème littéraire : le chevalier errant) vient se mettre au service des grands. Les souvenirs plus vivaces de l'Antiquité classique, les contacts plus fréquents avec les Arabes, surtout d'Espagne, dont la civilisation est la plus raffinée à cette époque, expliquent l'avance des pays du Midi. Les croisades ont révélé la splendeur des villes d'Orient, les délices d'une vie luxueuse. Les mœurs s'adoucissent. On goûte davantage la joie de vivre. La vie mondaine où les femmes jouent forcément un rôle accru, devient propice à l'expression de sentiments plus compliqués, dont l'analyse procure des joies délicates. La femme garde pourtant une situation subalterne. Le mariage, dans l'aristocratie, est une pure convention. On épouse, non une femme, mais un fief. La jeune fille peut être mariée dès l'âge de douze ans. Jusqu'au XIIᵉ siècle la femme était jugée incapable de tenir un fief. Veuve, elle devait convoler au plus vite sur l'ordre du suzerain. Jeune fille, orpheline, elle devait choisir entre trois chevaliers que le suzerain lui proposait. L'amour n'a donc rien à voir avec le mariage. Le mari a tous les droits, jusqu'à celui du châtiment physique. L'usage lui permet d'avoir des concubines. Bien entendu la femme tente de se venger en trouvant des consolateurs. Le thème de la « mal mariée » a fourni beaucoup de chansons au Moyen Age. Dans les cours du Midi, nombreuses sont les dames qui prennent des amants parmi les seigneurs de leur rang. Adultères interconjugaux contre lesquels les troubadours protestent fréquemment.

Les troubadours (trouveurs, inventeurs) sont d'origines sociales très diverses. Ils peuvent être de grands seigneurs, comme Guillaume IX d'Aquitaine, comte de Poitiers (1071-1127), mais le plus souvent ce sont des hommes de petite noblesse, ou tout simplement des roturiers. Cette diversité explique qu'ils ne soient pas porteurs d'une idéologie cohérente. La fin' amors n'a pas chez tous le même contenu, et même certains d'entre eux lui sont hostiles. Qu'est-ce que la fin' amors? Après les travaux de Frappier (1) et de Moshé Lazar (2), il faut distinguer cette notion de celle d'amour courtois, qui ne vient pas du Moyen Age, mais est une invention de Gaston Paris. La courtoisie est un concept bien plus étendu. Un seigneur peut être courtois sans être amoureux. La courtoisie représente l'idéal à la fois moral et social des chevaliers. Elle suppose la noblesse, l'élégance du costume et des manières, l'honneur chevaleresque, la bravoure, une bonne éducation. Elle est tout un style de vie. L'amour courtois est une notion équivoque, mal définie, que l'on confond souvent avec la fin' amors, mais qui peut désigner

---

1. *Vues sur les conceptions courtoises dans les littératures d'Oc et d'Oil au XIIᵉ siècle*, in *Cahiers de civilisation médiévale*, IIᵉ année, nº 2 avril-juin 1959, p. 135-156.
2. *Amour courtois et Fin'Amors dans la littérature du XIIᵉ siècle*, Paris, 1964.

aussi un amour plus charnel, adultère ou non. M. René Nelli (1) cependant distingue d'une part l'amour chevaleresque, plus réaliste et sensuel, qui requiert la fidélité mais non la continence, qui n'est pas adultère et s'adresse à une personne de rang égal, qui exige de l'amant pour mériter sa dame, des épreuves extérieures à l'amour, et d'autre part l'amour courtois qui semble bien pour lui se confondre avec la fin' amors, notion elle-même difficile à définir parce qu'elle n'a pas le même sens d'un troubadour à l'autre.

Le trait le plus général de la fin' amors est d'être toujours adultère. La dame est mariée. Et il y a opposition irréductible entre la fin'amors et l'amour conjugal. Le mariage n'est qu'un contrat qui impose des obligations, qui donne au mari des droits sans risques. Aussi le mari est-il toujours représenté comme un personnage ennuyeux, un vilain, un jaloux. Une dame qui par extraordinaire aimerait son mari n'éprouverait qu'un amour commun, sans rien de noble, elle ne serait pas courtoise. Et il semble bien, du moins chez certains troubadours, qu'elle ne le soit pas non plus si elle n'accepte pas les services d'un amant.

Il y a d'autre part supériorité sociale de la dame. Elle est le plus souvent la femme du suzerain. D'un fait si curieux on doit pouvoir trouver une explication sociologique.

Il faut d'abord revenir au fait fondamental : l'infériorité de la femme. Son infériorité sociale trouve son reflet dans les idées morales. La femme est fille d'Ève; c'est elle qui est responsable du péché originel; en amour pas plus que dans tout autre domaine (telle est l'opinion de René Nelli) la femme ne peut être l'égale de l'homme. L'égalité ne peut être rétablie que si la dame est socialement supérieure. Érich Köhler (2) a tenté de trouver dans les structures sociales de la civilisation de langue d'oc une explication plus précise. Selon lui les troubadours représentent l'idéologie de vassaux nobles mais pauvres. Ils condamnent sévèrement les grandes dames qui prennent leurs amants dans leur caste, ils requièrent d'amour la femme du suzerain. Pour cela ils élaborent un idéal de classe qui peut

1. *L'érotique des troubadours*, Toulouse, 1963.
2. *Observations historiques et sociologiques sur la poésie des troubadours*, in *Cahiers de civilisation médiévale*, VI, 1964, p. 27 et sq.

satisfaire à la fois la haute et la basse noblesse. Mais en dépit de leurs efforts pour effacer les différences, les rapports de classes subsistent. L'amant reste un vassal, pour ne pas dire un serf, devant la dame. Elle est d'autant plus inaccessible que l'amant est socialement inférieur. L'amour tourne en adoration, il s'accompagne de respect, il est timide et limite ses prétentions. L'amant renonce parfois à assouvir ses désirs ; il idéalise alors sa résignation et la transforme en jouissance. Mais de même que le chevalier pauvre attend de son seigneur qu'il récompense ses services, de même il attend de sa dame qu'elle fasse preuve de « largeza ». Lorsqu'elle accepte l'hommage du troubadour, elle l'élève au-dessus de son rang, elle lui assure dans le domaine du rêve une revanche, une sorte de promotion sociale. En même temps elle rend service au seigneur en contribuant à maintenir les vassaux dans « l'obediensa ». Elle joue ainsi un rôle dans la consolidation de l'ordre féodal. Mais il est clair qu'elle joue d'autant mieux ce rôle qu'elle reçoit les hommages d'un plus grand nombre de vassaux, ce qui impose qu'elle reste inaccessible à tous.

L'amant voue à sa dame un long « service » d'amour. Il l'appelle « mi dons » (mon seigneur), peut-être sous l'influence arabe (1). Il lui rend hommage, et le baiser accordé par la dame peut être quelquefois l'équivalent de la cérémonie par laquelle le vassal se déclarait l'homme du suzerain. Mais le plus souvent le baiser sera la récompense du service d'amour. Ce service est d'abord une longue souffrance, et les troubadours élaborent toute une série d'images, parfois empruntées à l'antiquité, qui deviendront des lieux communs de la poésie amoureuse. Les yeux de la dame ont percé de leurs flèches le cœur de l'amant, ils sont un miroir qui l'ensorcelle. Le feu de ses regards le brûle. L'amant, atteint d'une maladie, dépérit ; il devient pâle et maigre, perd le sommeil, le boire et le manger. Son cœur le quitte, pour rejoindre la dame ; mais parfois la dame, si elle n'est trop cruelle, échange son cœur avec le sien. Selon R. Nelli, cette image correspond à la très vieille coutume qu'est l'échange des sangs entre hommes ou affrèrement. Le plus souvent l'amour est plaintif et il n'y a pas d'autre issue que la mort. L'amant annonce

---

1. Cette particularité a fait dire, sans autre preuve, que les troubadours avaient été souvent homosexuels.

qu'il va mourir, accuse sa dame de l'avoir tué, avec une telle fréquence qu'il faut bien admettre qu'il n'y a là rien de plus qu'une convention.

Les cruautés de la dame ne dispensent pas le troubadour de rester un « parfait amant », c'est-à-dire un amant inconditionnellement fidèle, qui sait honorer, flatter, et dont la règle des règles est de plaire. Il doit avant tout rester discret, veiller à ce que les « losangiers » ne puissent médire de la vertu de sa dame. La perspective de mourir ne doit pas pour autant lui faire perdre tout espoir. Il doit complimenter sans trève. Cet amour est une longue patience, un long tourment.

En revanche la dame a aussi des devoirs. Au parfait amant correspond la parfaite dame. Elle se doit de récompenser la fidélité, les longs services du parfait amant. Ces relations féodales qui les unissent doivent reposer sur une loyauté réciproque. La courtoisie veut que la dame ait un amant, mais elle veut aussi qu'elle n'accorde ses faveurs qu'à un seul, et le devoir de fidélité ne vaut pas moins pour elle. Autant la parfaite dame est l'objet d'un culte, autant, si elle se montre inconstante, elle sera traînée dans la boue par le troubadour dont la poésie devient satirique et se venge.

La récompense (le guerredon) ne peut être le résultat que d'une série d'épreuves. Elles sont de deux sortes : ce sont des épreuves extérieures à l'amour ; l'amant pour mériter sa dame accomplit dans les tournois, dans les guerres, des exploits dont la gloire rejaillit sur la femme aimée ; il protège, partout où il va, la veuve et l'orphelin. Il fait le bien et se met au service des hommes en général. Ce sont les épreuves propres à ce que R. Nelli appelle l'amour chevaleresque. Elles prendront bien plus d'importance dans la lyrique du Nord, où les chevaliers méritent l'amour par la prouesse. Chez les troubadours, la *proeza* n'est pas l'équivalent de la prouesse, de même que la *cortezia* n'est pas l'équivalent de la courtoisie. Chez eux, ce sont les épreuves internes à l'amour qui sont les plus fréquentes. L'amant doit être obéissant, mériter sa dame par un service plus direct, qui s'adresse à elle uniquement. Il doit la chanter dignement, sans révéler son nom, faire partout son éloge, montrer des qualités morales et intellectuelles dont elle puisse être fière, célébrer les qualités morales de sa dame autant que son charme physique. La civilisation d'oc, plus pacifique et plus raffinée, ne met guère les exploits guerriers au nombre des mérites de l'amant.

Le guerredon est de nature très diverse selon les troubadours. Les plus idéalistes excluent la possession. La parfaite dame reste inaccessible. Et cependant cet amour n'est presque jamais platonique. Il n'exclut pas le désir physique. Le troubadour a l'obsession de la nudité de la dame. Il rêve d'assister, le soir dans sa chambre, à son déshabiller. Bernard de Ventadour chante : « Elle fera mal si elle ne m'ordonne de venir là où elle se déshabille ». Thème fréquent, le poète rêve que la dame lui fasse de ses bras un lien autour du cou. Le troubadour demande fréquemment des baisers, et aussi le « surplus », mot discret par lequel il faut le plus souvent entendre la possession complète. L'élément érotique est dans la lyrique d'oc inséparable de l'élément idéaliste, et cet amour est plein de contradictions. La dame n'accorde la joie d'amour qu'avec parcimonie ; l'amant prétend pouvoir s'en passer, et pourtant il la demande. Et il formule sa prière en un langage discret, voire hermétique. Il reste humble et tremblant, et les cruautés de la dame, tout autant que ses faveurs, sont une source de plaisir, car l'amant trouve dans ses souffrances une délectation perverse. De toute façon la sensualité ne va jamais jusqu'à admettre une liberté sans frein. La concupiscence brutale serait le fait d'un « fals amors ». Il y a dans les rêveries sensuelles des troubadours un curieux mélange de volupté et de continence qu'on retrouve dans la coutume provençale de l'assag ou assays, épreuve de chasteté. Les amants couchent ensemble, nus, sans se toucher. Si l'amant ne peut résister à cette épreuve, son amour est impur. Une telle coutume n'était pas une invention de poète. Elle existait réellement en Provence où il était d'usage que les fiancés passent une nuit ensemble, la fiancée devant sortir intacte de cette épreuve. On trouve dans cette bizarre coutume l'idée que la possession émousse l'amour, et que la joie d'amour est dans le désir plus que dans le plaisir. Ainsi s'explique qu'on ait pu prendre les troubadours pour des platoniciens, alors que beaucoup d'entre eux rêvent d'étreindre leur dame nue, soit dans sa chambre, soit dans son jardin, « en verger ou sous courtine » (Jaufré Rudel). Sur le long chemin qui mène au guerredon le parfait amant franchit diverses étapes qui prennent un caractère obligatoire. Il est d'abord un soupirant méconnu, ou « fenhador » (1).

---

1. Voir Payen, *Les Origines de la courtoisie dans la littérature française médiévale*, CDU I, 42, Paris.

Puis si la dame daigne remarquer ses soupirs et les accepte, il devient un « precador » ou suppliant qui demande à la dame son amour, sans le faire plus de trois fois. Rebuté, il devra adresser ailleurs ses soupirs. Agréé, il devient « entendedor » et reçoit le baiser de la dame. Son service peut alors le mener jusqu'à *l'assag*, qui tantôt est la récompense suprême, tantôt permet à l'amant de devenir le « drut », c'est-à-dire l'amant dans le sens moderne du mot.

Les troubadours ont ainsi élaboré tout un code, tout un système de valeurs dans lequel la valeur suprême est l'amour (1). Celui qui aime selon leurs règles possède la « cortezia », qualité opposée à la « vilania ». Il a une âme noble et généreuse, et il est prêt à souffrir tous les maux possibles au nom de l'amour. Il a la « jovens », c'est-à-dire l'ensemble des qualités morales qui font qu'un homme est courtois et pour lesquelles le troubadour ne trouve de meilleur terme que le mot « jeunesse ». A la « jovens » s'oppose le mot « vielh ». Une femme est vieille qui aime son mari, ou qui a plusieurs amants, ou qui aime un homme vil. L'amant doué de la « cortezia » se conduit avec « mesura », c'est-à-dire avec mesure, bon sens, sans se vanter. De l'amour découlent toutes les vertus ; il n'y a pas, sans amour, de vie digne d'être vécue. A travers les multiples souffrances de l'amour, les amants tendent vers « le joy », qui est comme le couronnement de la fin' amors et résulte de la plénitude spirituelle qu'apporte l'union harmonieuse des âmes.

La fin' amors est une règle morale. Elle impose des devoirs, mais ces devoirs sont toujours relatifs à l'amour, qui est un absolu. Toutes les vertus sont à son service. C'est un amour épuré qui ne nie pas la joie des sens, mais qui la sublime. Il n'est ni platonique ni platement naturaliste. La continence n'est pas une vertu en soi, mais seulement dans la mesure où elle fait durer l'amour.

Cette morale n'a rien à voir avec la morale chrétienne. Elle exalte la joie de vivre sans considération religieuse. L'absolu est sur terre. La fin' amors affirme des valeurs mondaines, célèbre le désir sensuel, subordonne tout à la passion. Mais comme le culte de la femme aimée tourne à l'adoration, le vocabulaire qui l'exprime rencontre parfois celui des mystiques.

---

1. Voir Moshé Lazar O.C. chap. I.

Et c'est pourquoi certains critiques (1) ont cru voir dans l'amour courtois l'influence de saint Bernard et des mystiques de l'amour divin. Thèse aujourd'hui généralement rejetée (2), de même que celle de M. Denis de Rougemont (3) selon qui la fin' amors est l'expression déguisée de l'hérésie cathare. Comme cette hérésie ne s'est pas étendue au nord de la France, elle ne permet pas d'expliquer que les trouvères aient repris aussi largement l'idéologie des troubadours. Celle-ci n'a rien de religieux, du moins au XIIᵉ siècle, et c'est seulement après la croisade des Albigeois que leur lyrisme a pris des aspects mariologiques, la dame se confondant alors avec Notre-Dame. Avant, lorsque les troubadours invoquent Dieu et les saints, c'est pour leur demander de les aider à conquérir la dame. Pour eux Dieu est avec les amants. Avec une tranquille ingénuité ils concilient leur poésie avec une religion qui ne peut que condamner leur amour adultère, et qui a fait du mariage un sacrement.

La question des origines de la fin' amors est encore très débattue. On a voulu les trouver dans le folklore, dans des influences antiques, celtiques ou arabes. Aucune de ces explications, vraisemblablement, ne suffit. Comme le fait observer très justement M. Payen : « Pour que la fin' amors fleurisse, il faut qu'elle corresponde à un besoin » (4). S'il est bon de rechercher les sources littéraires, il faut surtout voir dans la fin' amors la création d'une société aristocratique qui oppose ses valeurs propres aux valeurs chrétiennes et qui donne à la femme, dans le domaine sentimental et littéraire, une compensation nouvelle à son infériorité sociale. Ces valeurs, la littérature provençale devait les transmettre aux trouvères du nord, aux *Minnesänger* allemands, aux auteurs du « dolce stil nuovo » en Italie, bref à toute l'Europe occidentale. Elle devait transmettre aussi toute une série de thèmes, d'images qui allaient devenir une topique et souvent perdre leur fraîcheur, de même que l'amour qu'ils avaient chanté allait prendre d'autres caractères.

---

1. Voir notamment Eugène Anitchkoff, *Joachim de Flore et les milieux courtois*, Paris, 1931.
2. Notamment par Nelli, Moshé Lazar, Payen.
3. *L'Amour et l'Occident*, nouvelle édition, Paris, (Plon) 1962.
4. O.C. p. 72.

● SURVIVANCE DE LA FIN' AMORS

1. SES CONTRADICTIONS

La fin' amors est un phénomène complexe et il est très difficile de parler des troubadours d'une façon qui recouvre l'ensemble de leurs œuvres.

La poésie occitane exprime la sensualité mais célèbre la continence. Elle exalte la nature mais s'oppose à l'union charnelle des amants et par là s'oppose à la nature. Première source d'une dissociation possible.

La poésie occitane vante l'union des cœurs et leur échange. Elle tend donc à établir des rapports d'égalité dans le couple. Et pourtant elle fait de l'amant un serviteur, pour ne pas dire un esclave. Il y a opposition entre l'inégalité sociale des amants et l'égalité sentimentale que tend à réaliser l'amour. Autre source de tension.

La poésie occitane considère l'amour comme une fatalité irrésistible qui ne relève pas de la raison. Et pourtant l'amant célèbre les vertus de la dame, son amour repose sur l'estime. Nouvelle contradiction.

Cette passion irrésistible s'adresse à une femme mariée dont il est nécessaire que l'amant sauvegarde la réputation. Force anarchique, l'amour, incompatible avec le mariage, tend à ébranler cette institution sociale. Il tend à l'union du couple, mais refuse le cadre que lui accorde, au moins théoriquement, la société. Les poètes provençaux ne pouvaient pas, du fait de l'inégalité sociale entre l'amant et la dame, concevoir la solution du mariage d'amour. Et pourtant en découvrant les joies d'une passion qui est aussi une vertu, ils le rendaient possible à long terme.

2. SA DOUBLE FILIATION

Une telle complexité explique que la fin' amors ait évolué dans des sens opposés. On peut distinguer au moins deux courants.

La poésie occitane du XIIe siècle était d'inspiration naturaliste, anti-chrétienne. Au XIIIe siècle, elle prend un caractère religieux. C'est à ce moment que la dame devient Notre-Dame. Mais ce sont surtout les poètes italiens du « *Dolce stil nuovo* » qui ont transformé la dame en une femme idéale. Les vers que Dante consacre à Béatrice s'adressent à une morte, de même que le

plus grand nombre de ceux que Pétrarque consacrera à Laure.
Il ne s'agit plus de femmes de chair, mais de médiatrices de l'au-
delà dont le poète implore l'assistance pour assurer son salut.
Chez Dante surtout, l'idéalisation est totale. La femme est un
être angélique. Le culte que lui voue le poète est un culte vraiment religieux qui n'empêche pas son auteur d'avoir, par ailleurs,
une vie sentimentale plus proche des réalités terrestres. On sait,
sans beaucoup de détails, que Dante a connu d'autres amours,
et que Pétrarque a eu des enfants naturels.

La résurgence du platonisme sous la Renaissance permet
le développement d'une poésie amoureuse qui, sans avoir de
liens directs avec les poètes provençaux, n'en est pas moins
très idéaliste, et l'influence du platonisme se fait sentir jusqu'au
XVIe siècle, et même au-delà.

Plus tard l'œuvre de Dante, peu connue à l'époque classique,
a repris un rayonnement immense à l'époque romantique.
A son exemple, les écrivains allemands : Hölderlin, Hoffmann,
Novalis vouent un culte à des femmes disparues que seule la
mort leur permettra de retrouver. De même, en France, Nerval.

Le XXe siècle a vu encore éclore de nouvelles œuvres où les
amants s'efforcent de dépasser leur amour pour assurer leur
salut (Gide, *La Porte étroite*) ou bien dans lesquelles l'amour
ouvre la route qui mène à Dieu (Claudel).

Autre prolongement de la fin' amors, la préciosité. La fin'
amors a été rapidement soumise à un code; elle est devenue
une série de règles et de conventions. Le sens du mot courtoisie
a dégénéré, il s'est fait synonyme de politesse à l'égard des
femmes. Cette politesse peut procéder d'un respect réel. Dans
cette mesure elle représente un progrès par rapport à la brutalité
primitive des mœurs féodales. Elle peut être simple galanterie,
c'est-à-dire raffinement dans l'art de faire la cour. Elle adresse
à la dame des compliments hyperboliques qui ne trompent
personne, et qui ne changent rien à la condition humiliée de la
femme. Elle n'est qu'un décorum à l'abri duquel se poursuit
la chasse à la femme-objet, la guerre des sexes.

Cette littérature précieuse a recours à un ensemble de thèmes,
d'images, de figures de style, souvent empruntés aux poètes
élégiaques latins : caractère meurtrier des regards de la dame
qui lancent le feu ou les flèches, versent le poison et donnent
la mort, souffrances de l'amant qui est voué à mourir d'amour,
échange des cœurs, etc. On retrouve tous ces moyens d'ex-

pression chez Pétrarque, surtout dans les poèmes écrits pendant la vie de Laure, puis chez ses successeurs. De là ils reviennent en France, dans la poésie de la Renaissance, puis du XVIIe siècle, chez les poètes qui fréquentent les salons précieux.

3. VERTU OU FAIBLESSE ?

A l'époque classique, il n'y a plus en France de souvenirs directs de la littérature courtoise. On ne connaît plus guère que les romans de chevalerie, littérature populaire médiocre qui vulgarise les vieilles légendes et prolonge les traditions de l'amour idéalisé. C'est en lisant ces romans que Don Quichotte s'est enflammé d'un amour idéal pour la belle Dulcinée, dont le seul défaut est de ne pas exister. L'héritage littéraire du Moyen Age est surtout revenu aux XVIIe et XVIIIe siècles par l'intermédiaire de l'Italie, si l'on met à part *Le Roman de la rose*, encore édité au XVIe siècle. Mais l'amour idéalisé, en bien des cas, n'a plus guère de rapports avec la fin' amors. Certes on trouve exprimé le sentiment que l'amour est noble et vertueux lorsqu'il repose sur l'estime et la considération des vertus de l'être aimé. Mais de plus en plus s'impose l'idée que l'amour est une faiblesse que les êtres de haute qualité, soucieux de leur gloire et ne reconnaissant pour guide que la raison, doivent maîtriser, sous peine d'aliéner leur liberté mise en danger par les passions. C'est dans ce sens que va le XVIIe siècle. Dans les œuvres qui idéalisent, ce n'est plus le sentiment, ce sont les personnages qui sont idéalisés. C'est le cas de *La Princesse de Clèves*. L'amour est source de souffrances, il risque d'avilir, il est une puissance meurtrière, d'origine démoniaque. On ne peut le vaincre sans la grâce, ou sans une vertu héroïque. Nous sommes aux antipodes de la fin' amors.

● PERMANENCE ET ÉVOLUTION

En dépit de tous les bouleversements sociaux, de l'évolution des croyances religieuses, du développement des sciences et des techniques, des révolutions artistiques et littéraires, la peinture du sentiment de l'amour obéit à certaines constantes, du XIIe siècle à nos jours.

Tout d'abord l'amour est une aliénation. Impossible sur ce point d'opposer la passion et l'amour idéalisé. Car la passion en s'idéalisant reste la passion. L'amour est un délire, une fureur. Platon déjà le décrivait comme tel. L'amoureux ne s'appartient plus. Lancelot, à la vue de sa dame, se précipiterait par la fenêtre pour la rejoindre, si on ne le retenait. Saint-Preux séparé de Julie frôle la folie à deux reprises. Quand l'amour est sans espoir et que l'oubli n'est pas possible, la seule issue est la mort : Saint-Preux pense au suicide, Werther se tue. Mais il y a des formes plus discrètes du renoncement à l'existence. Tristan croyant qu'Yseut ne viendra pas ne retient plus sa vie. Mme de Clèves se retire dans une maison religieuse et se consacre aux occupations les plus austères pendant le peu d'années qu'elle survit à sa rupture avec Nemours. Julie accueille comme une délivrance la maladie qui la tue et qui, sans son amour désespéré, eût peut-être été surmontée. Mme de Mortsauf meurt dévorée par la jalousie, Alissa s'enfuit de chez elle et va mourir, épuisée, dans la solitude. Colin, dans *L'Écume des jours*, ne survit pas à Chloé.

C'est que l'amour prend tout. Il est exigence de sacrifice. Lancelot, pour Guenièvre, sacrifie plus que sa vie, son honneur. Nemours, pour la princesse de Clèves, sacrifie la couronne d'Angleterre. Même le médiocre Frédéric Moreau dilapide sa petite fortune pour sauver Mme Arnoux. Colin dépense jusqu'aux derniers doublezons pour soigner Chloé.

L'être aimé est l'objet d'un respect qui va jusqu'à l'adoration, et le langage de l'amour emprunte à celui de la dévotion. Le culte va le plus souvent de l'amant à la maîtresse. Mais ce peut être l'inverse, dans les lettres d'Héloïse, par exemple, ou les poèmes de Louise Labé. Toute la littérature pétrarquiste divinise la dame à qui est rendu une sorte de culte solaire. Céladon bâtit un temple à Astrée. La « divine » Julie règne dans son empire de Clarens. Mme de Mortsauf est assimilée par Félix à l'étoile dont il a été amoureux dans son enfance, et Prouhèze est, elle aussi, l'étoile de Rodrigue.

Cette idole si haut placée en impose par ses vertus, et c'est précisément à cause d'elles que l'amant l'adore. Sa réputation doit être sans tache, et l'amant parfait est un amant discret, soucieux de ne pas donner prise aux médisants. Céladon, Nemours, Saint-Preux, Félix, Dominique, Frédéric Moreau, avec des nuances diverses, ne sont pas inférieurs sur ce point aux troubadours. Cette discrétion va jusqu'au renoncement. Après le premier baiser et le premier aveu de Madeleine, Dominique n'a plus qu'à la quitter pour jamais. Et il ne s'agit pas seulement de réputation. La vertu de la dame est nécessaire à la durée de l'amour. Dialectique implacable où se débat l'amoureux. Son amour est un amour total. Sa passion vise à se satisfaire malgré la vertu de sa dame, mais cette vertu qu'il rêve de vaincre est nécessaire à la durée de son amour. Ici les grands romans d'amour, depuis le XVIIe siècle, rompent avec la tradition de la fin' amors. Presque tous refusent la solution de l'adultère.

Cet amour non satisfait est source de souffrances, mais aussi de joies. Les troubadours et les trouvères ont souvent chanté son ambivalence affective. De même les pétrarquistes. Si le XVIIe siècle, influencé par le jansénisme, a surtout peint les souffrances, il y a d'admirables chants de joie dans *La Nouvelle Héloïse*; et dans *Le Lys dans la vallée*, qui s'achève en un sombre drame, il y a peut-être autant de pages illuminées par le bonheur que de pages sombres.

Le drame vient le plus souvent de l'opposition entre l'amour et les autres liens sociaux. Il est un sentiment anarchique, destructeur de l'ordre établi. Ce sont les parents qui s'opposent au bonheur des amants; très souvent la présence d'un mari. Dans *L'Écume des jours*, Colin serait heureux s'il pouvait rester auprès de Chloé. Mais il lui faut gagner leur vie. Là, c'est le travail, ce sont toutes les obligations sociales qui constituent l'obstacle.

L'amour en lutte contre la société s'associe en revanche la nature entière. Ce ne sont pas les romantiques qui l'ont découverte. Déjà les poètes du Moyen Age chantaient leur amour en célébrant le printemps, le mois de mai, les fleurs, la verdure et les chants d'oiseaux. Les poètes de la Pléiade, à la suite des élégiaques latins, rêvent de leurs amours dans les lieux sauvages, ils retrouvent leur bien-aimée dans le miroir des eaux ou dans la forme des nuages, ils se confient à la nature, font appel à sa sympathie, retrouvent en elle le souvenir des temps heureux, identifient le cycle des saisons avec les phases de leur vie amoureuse. Pour eux l'amour est une puissance cosmique, l'ordonnateur du chaos et le créateur de toutes choses et c'est pourquoi chez eux la nature n'est pas seulement un cadre, encore moins un ornement. A une époque où l'on ne comprend plus le naturalisme cosmique, Céladon pleure encore ses malheurs dans les bois et au bord des fontaines. Rousseau, en cette matière, n'a rien inventé. Il n'a fait que retrouver. Dans l'air transparent des montagnes du Valais, Saint-Preux évoque la pureté d'âme de l'aimée. Sylvie et Adrienne sont, pour Nerval, indissociables du Valois, et Yvonne de Galais est une fille de la Sologne.

Enfin tout poème, tout roman d'amour, contient une déploration de la condition humaine, soumise au temps destructeur. Le sentiment ne reste pas immobile, il se transforme sans cesse. Ou bien l'amour se satisfait et décline (1), ou bien il ne peut se satisfaire, et si la mort n'intervient il devra chercher satisfaction ailleurs. Ronsard invite la femme aimée à cueillir le plaisir avant que jeunesse ne passe. Mme de Clèves sait que si elle épousait Nemours, tôt ou tard elle le perdrait. L'amour de Julie et de Saint-Preux ne dure jusqu'à la mort que parce qu'il a été contrarié, et la mort seule peut éviter une crise décisive. A la très belle scène de l' « apparition » de Mme Arnoux, fait pendant la scène de la dernière entrevue, lorsque la bien-aimée découvre ses cheveux blancs.

Pourtant, en dépit de ces correspondances de thèmes, quoique le souvenir des troubadours et de Dante se répercute jusqu'en notre siècle, la littérature amoureuse ne se répète pas. Nous avons vu que la condition de la femme change. A mesure que dans la société les sexes se rapprochent de l'égalité, la littérature idéalise moins la femme. Asservie dans la vie réelle, la femme est un despote dans la littérature : Guenièvre, Astrée. Saint-Preux est encore le dévoué serviteur de Julie. Mme de Mortsauf est une mère pour Félix. La pleine égalité des sexes est réalisée dans *L'Écume des jours*. Parallèlement, la femme sort du domaine des conventions pour devenir une femme réelle. La princesse de Clèves était un être purement spirituel, dépourvu de sexe. La sensualité d'Astrée est hypocritement déguisée, et jusqu'au bout inavouée. Julie est une fille sensuelle, ouvertement présentée comme telle, et sa vertu est une victoire sur ses sens. Si Mme de Mortsauf et Alissa paraissent d'une vertu inaccessible, on découvre à la fin que c'est au prix de souffrances mortelles. Chloé, enfin, est une femme à la fois pudique et naturellement sensuelle. La femme que chantent les surréalistes est transfigurée par la poésie, mais elle est un être pleinement matériel aussi bien que spirituel.

---

1. Voir pourtant une vive protestation de Breton dans *L'Amour fou*, Gallimard, Paris, 1966, p. 104.

En même temps l'amant qui se maintient dans les sentiments platoniques est un personnage qui supporte de moins en moins le contact de la vie réelle. A l'époque féodale où les rapports ne peuvent être que de dépendance, aux temps de ferveur religieuse, les figures de Guenièvre, de Béatrice et de Laure pouvaient s'imposer, la soumission de l'amant, le culte qu'il rendait à cet être supérieur se justifiaient. Déjà Céladon fait sourire de ses larmes, de sa passivité totale, et son nom est devenu le symbole de l'amant qui manque de virilité. Nemours évite ce ridicule, mais parce qu'il est un chasseur de femmes, et sous l'exquise politesse des manières, un homme de proie. Son vrai descendant, dégénéré, sera Valmont. Saint-Preux, dont l'unique fonction est d'adorer Julie, reste, malgré sa belle âme, un enfant immaturé. L'adoration qui s'adresse à l'être aimé n'est supportable à partir du XIXᵉ siècle qu'à condition de rester dans le domaine du rêve. Nerval est séparé du réel par sa folie. Baudelaire cesse d'adorer Mᵐᵉ Sabatier aussitôt que l'ange descend du ciel et tombe dans ses bras. Le grand Meaulnes vit dans le monde merveilleux de l'enfance. Et il faut tout le prestige de la poésie claudélienne pour que nous acceptions Rodrigue et Prouhèze, qui vivent dans un monde ibérique purement imaginaire.

Si les sentiments platoniques persistent dans la vie réelle, ce ne peut être qu'au prix de la médiocrité de l'amant, de sa faiblesse, de son irrésolution, comme Dominique, comme le Jérôme de *La Porte étroite*, ou comme Aurélien; ou bien c'est un amant qui fait deux parts dans sa vie, une pour les sens, une autre pour le cœur, au prix de pas mal d'hypocrisie et d'égoïsme, comme l'Amaury de *Volupté*, ou Félix de Vandenesse; et il peut réunir tous ces défauts à la fois, comme Frédéric Moreau.

● CONCLUSION

Depuis la dernière guerre, la liberté sexuelle a fait des progrès considérables. S'il est bon que notre époque se débarrasse du tabou millénaire qui pesait sur l'acte de chair, le danger est que l'amour se réduise à la satisfaction d'un besoin physique qui serait mis sur le même plan que la faim et la soif, et qu'il serait légitime de satisfaire avec le premier venu. Rappelons le vieil adage latin : *omne animal post coitum triste* (tout être vivant est triste après l'amour). Le libertin qui ne voit dans une femme qu'un objet possible de plaisir, et qui en conséquence doit en changer souvent pour fuir la satiété, ne trouve dans sa quête permanente que l'insatisfaction et le dégoût. Les troubadours étaient plus savants dans l'art du plaisir amoureux. Ils savaient qu'il ne se trouve pas dans une activité sexuelle brutale et sans frein, mais dans l'union totale de deux êtres et que les joies durables de l'amour sont d'abord les joies du cœur. Ils n'ont nullement jeté l'anathème sur l'amour physique. Ils lui ont donné une importance extrême, mais ils considéraient le désir sans amour comme avilissant. Ils savaient que la plus grande volupté se trouve quand l'individu se fond dans l'unité supérieure que constitue le couple. Ils ont apporté au trésor de la culture des pierres dont l'éclat ne cesse de briller. Sous la rhétorique amoureuse qui s'est usée, on trouve en eux une vérité permanente que d'autres écrivains, directement ou indirectement, n'ont pas cessé de leur reprendre. C'est dans l'amour véritable que se trouve le véritable plaisir. Il est source d'épanouissement. Il enrichit et ennoblit celui qui le possède. Il ouvre souvent la voie de tous les sentiments altruistes, car celui qui aime pleinement l'autre est prêt à s'intéresser aux autres. Il comporte toujours sa part d'idéalisation, qui n'est pas illusion, car le véritable amant, qui exalte et transforme l'être aimé par l'imagination, le conduit à se dépasser lui-même. Qui se sent passionnément aimé tend à se confondre avec l'image que l'autre s'est formée, et s'il est vrai que l'amour permet à l'être aimé de donner le meilleur de lui-même, il faut convenir avec les troubadours qu'il est une très haute vertu.

● CHAPITRE II

LE MOYEN AGE

● INTRODUCTION

1. LES TROUBADOURS

Nous avons vu dans l'introduction (p. 15 et sq.), leur rôle capital dans l'histoire de l'amour idéalisé. La lyrique provençale est extrêmement riche, et nous ne pouvons que citer quelques-uns des plus grands noms : dans la première génération (première moitié du XIIe siècle) Guillaume IX d'Aquitaine (1071-1127), Jaufré Rudel, le créateur du thème de l'amour lointain, Cercamon; dans la deuxième génération qui représente l'âge classique de la poésie provençale (deuxième moitié du XIIe siècle) Bernard de Ventadour, qui, de tous, est resté le plus célèbre, Guillaume de Cabestan, au nom duquel est attachée la légende du cœur mangé (le mari de sa dame lui aurait fait manger le cœur du poète), Peire Vidal, Arnaut Daniel, en qui Dante voyait le plus grand troubadour, d'une grande virtuosité technique. C'est chez lui que la confusion de l'amour profane et de la religion atteint son plus haut point : il fait dire des messes et brûler des cierges pour obtenir les faveurs de sa dame. Au XIIIe siècle, la poésie provençale ne compte plus d'aussi grands noms. Parmi les troubadours de cette époque l'amour prend des tonalités de plus en plus religieuses.

2. LES TROUVÈRES

Dans la seconde moitié du XIIe siècle, la poésie des troubadours trouve des imitateurs dans le Nord, favorisée par des femmes de premier plan : Aliénor d'Aquitaine, épouse du roi de France Louis VII, puis du roi d'Angleterre Henri Plantagenet, ses deux filles, Marie de Champagne, Aelis de Blois, et la fille de cette dernière, Marguerite de Blois. Les trouvères (mot qui transcrit exactement en langue d'oïl le mot troubadour) reprennent à leurs confrères du Midi thèmes et moyens d'expression. Mais dans les pays du Nord où la vie est plus rude, la civilisation moins avancée, les structures sociales différentes, la fin' amors se transforme. Il semble que l'écart social grandisse entre la dame et le trouvère. Elle devient plus inaccessible. L'amour des trouvères est moins sensuel, encore plus respectueux et timide. Leurs vers n'expriment plus le désir d'entrer dans la chambre de la dame pour assister à son coucher. On ose à peine déclarer son amour et le fait même de rêver à la dame est une folie blâmable. Un baiser, ou même un regard est la récompense suprême à laquelle on aspire. D'autre part, la prouesse se fait plus guerrière que dans le Midi. Le trouvère travaille à mériter sa dame par des exploits qui lui sont dédiés, mais qui n'ont pas de rapport direct avec elle. Les chansons de croisade font intervenir l'amour plus souvent que dans la poésie provençale. Conon de Béthune (fin du XIIe siècle) donne de bons exemples de ce genre. La parfaite soumission du trouvère à la dame est illustrée de la façon la plus frappante par Guiot de Provins (même période). Parmi les principaux trouvères, il faut aussi citer Gace Brulé dont l'œuvre a été composée aux alentours de l'an 1200. Il nous a laissé plus de soixante chansons d'amour, qui chantent une passion fatale et folle, source de joies intenses et de souffrances cruelles. Le sire de Coucy, à la même date, chante lui aussi un amour passionné, sans repentir possible, qui fait souffrir jusqu'à la mort, et qu'on ne voudrait pourtant n'avoir pas éprouvé.

3. ROMAN ET COURTOISIE

Origine nordique de la courtoisie

Le roman au XIIe siècle a subi assez rapidement l'influence des troubadours. Mais cette influence n'est pas exclusive, et l'amour s'y présente avec des caractères originaux, si l'on compare avec la lyrique du Midi.

Déjà dans un texte de la première moitié du XIIe siècle, à une époque où il ne semble pas que la poésie des troubadours ait pu inspirer la littérature du Nord, la notion de courtoisie paraît présente. C'est un écrit latin : l'*Historia regum Britanniae* de Geffroi de Monmouth. On y trouve des dames courtoises *(facetae mulieres)* qui portent les mêmes couleurs que leurs chevaliers dans les tournois et ne leur accordent leur amour que s'ils prouvent leur valeur par leurs exploits. Il s'agit ici d'amour chevaleresque, plus que de fin' amors, car l'amour n'est pas obligatoirement adultère, et l'amant pour mériter sa dame accomplit des prouesses qui sont bien différentes de la *proeza* occitane. Jusqu'à quel point la dame les récompense-t-elle? Le texte ne le dit pas.

Les romans antiques

Les romans du XIIe siècle tirent leurs sujets de deux sources principales : les légendes antiques et la matière de Bretagne.

Virgile et surtout Ovide ont été très lus au Moyen Age. Ce sont eux avant tout qui ont fourni aux auteurs des romans antiques, des sujets, une topique et une rhétorique Il y a deux sortes de romans antiques. Les uns sont très longs : *Roman de Thèbes, Énéas, Roman de Troie*, et content des prouesses inspirées principalement par l'amour; d'autres, bien plus courts, sont des adaptations des *Métamorphoses* d'Ovide : *Pyramus et Thisbé, Narcisse*, etc. Certains d'entre eux au moins ont été écrits pour la cour de Henri II Plantagenet, où la reine Aliénor contribuait fort à diffuser l'idéologie courtoise. Les amoureuses y sont souvent des jeunes filles ou des veuves (il ne s'agit pas de fin' amors). Elles éprouvent l'amour comme une passion fatale, destructrice, qui mène à la mort après de multiples déchirements entre la vertu et le désir. Comme pour les grands poètes antiques, c'est un délire, une folie qui ne connaît aucune loi morale. Les amants vont parfois jusqu'au suicide, particulièrement scandaleux selon le christianisme médiéval. Leur amour est courtois dans la mesure où il est considéré comme la valeur suprême, et où la femme se trouve honorée. Mais ce n'est pas un culte. Le chevalier est l'ami de sa dame, non son vassal, et la récompense qu'il sollicite et obtient souvent sans trop de peine, est très matérielle.

La matière de Bretagne

La matière de Bretagne est l'ensemble des œuvres qui s'inspirent de la légende du roi Arthur, héros national des Celtes de Grande-Bretagne. Cette légende, au XIIe siècle, se trouve répandue dans toute l'Europe occidentale. Elle a inspiré surtout les *Lais* de Marie de France et les divers *Tristan*.

L'amour est l'unique thème des *Lais* de Marie, brefs récits chantés avec accompagnement qui reprennent certains épisodes des légendes arthuriennes. Ils baignent dans un climat de féerie. Les exploits guerriers n'intéressent guère Marie qui semble écrire pour un public féminin. Bien au contraire la guerre, pour elle, est l'ennemie de l'amour *(Chaitivel)*. L'amour est une passion tragique, qui conduit parfois à la mort, comme le chevalier de *Deux Amants*. Il triomphe même de la mort (le *Chèvrefeuille*). Marie n'accepte pas la doctrine de la fin' amors, mais ne la rejette pas non plus. C'est parfois la dame qui a l'initiative *(Lanval)*. Il y a des amours adultères qui sont coupables (le roi dans *Équitan*) et d'autres qui ne le sont pas *(Yonec, Laostic)*. Éloignée de tout système, Marie demande que l'on conquière le bonheur par l'amour et qu'on le mérite. Voir *Éliduc*, où l'épouse se sacrifie et prend le voile. Son mariage était un échec, rien ne doit empêcher qu'il se rompe.

La matière de Bretagne peint souvent une passion à la fois fatale et sensuelle qui est peu idéalisée. A cet égard, la légende de Tristan n'a rien à voir avec l'amour courtois. Tristan et Yseut sont liés l'un à l'autre par leur destinée, et le philtre a une valeur symbolique. Ils n'ont pas, comme les troubadours, choisi leur amour. Mais la légende a été traitée dans un esprit très différent par divers auteurs. On distingue généralement deux versions : la version commune illustrée principalement par Béroul, et la version courtoise représentée surtout par le

Tristan de Thomas. Béroul (1) ne voile pas le caractère adultère des amours de Tristan et Yseut. Ils sont bien sûr innocents, puisqu'ils ne sont pas responsables de l'action du philtre ; et pourtant ils sont coupables et vivent dans le péché. C'est ce jugement contradictoire (qu'on retrouve dans *Phèdre*) qu'Yseut formule devant l'ermite Ogrin :

> Il ne m'aime, ni moi lui,
> Que par un philtre dont je bus
> Et il en but : ce fut péché,
> Pour ce nous a le roi chassés (1413-16).

Les amants victimes de leur passion vivent donc dans la forêt une vie faite de privations, d'inquiétude et de remords. L'adultère subit ainsi son châtiment. Rien de plus éloigné de la fin' amors. Pourtant la version de Béroul, par certains épisodes, semble se rapprocher de la courtoisie. La très belle scène de la grotte dans laquelle Marc surprend les amants endormis mais séparés par une épée, semble innocenter leur amour, l'épée étant symbole de chasteté. C'est ainsi que le comprend Marc, qui n'est jamais le jaloux déplaisant si fréquent dans la poésie lyrique, et au lieu de les frapper, il leur laisse les insignes de sa royauté, comme signes de son passage et de son pardon. D'autre part, si coupables soient-ils, il est clair que Dieu est avec les amants, comme chez les troubadours. Le faux serment d'Yseut, avec sa restriction mentale, peut tromper les hommes, mais non pas Dieu. Il se laisse pourtant tromper et se rend complice.

Chez Thomas (2), la légende de Tristan se plie beaucoup plus aux exigences de l'idéal courtois. Les amants vivent heureux dans la forêt, au milieu des oiseaux, des fleurs et des parfums, et il n'y a pas d'ermite pour troubler leur bonheur par ses reproches. Leur amour triomphe des lois sociales et religieuses. Dans l'épisode final, Tristan meurt en apprenant qu'Yseut

---

1. Le fragment qui nous en reste mène les amants depuis le moment où, à la cour du roi Marc, ils s'efforcent de déjouer les pièges des barons « losangiers » et du nain Frocin qui veulent démasquer leurs relations coupables, jusqu'à celui où Yseut est soumise au jugement de Dieu et s'en tire par une ruse.

2. On ne possède guère du *Tristan* de Thomas que la fin, lorsque Tristan est marié avec Yseut aux blanches mains. Mais les grandes lignes de son poème sont connues par des fragments divers et des imitations (notamment le *Tristan* de Gottfried de Strasbourg).

la blonde ne viendra pas à son chevet et Yseut meurt de douleur sur son corps. Ainsi les amants se rejoignent dans la mort, et la passion triomphe, sans qu'il y ait la moindre trace d'inquiétude religieuse dans toute la scène. Thomas, plus que Béroul, analyse les sentiments de ses héros en de longs monologues d'où se dégage une idéologie fort proche de la fin' amors. L'amour, incompatible avec le mariage, exige de la part de l'amant un service qui ne consiste pas en prouesses, mais en un dévouement total à la dame, qui de son côté est astreinte au devoir de partager les souffrances comme les joies de l'amant, qu'il soit lointain ou proche. Thomas a traité dans l'esprit des troubadours une légende qui reposait sur une conception fataliste de l'amour.

Chrétien de Troyes

A l'égard de l'amour courtois la pensée de Chrétien de Troyes est nuancée, parfois contradictoire. Dans l'ensemble, il occupe dans l'histoire de la littérature une place fort originale, comme l'un des très rares auteurs qui ont célébré l'amour dans le mariage, lequel n'est pas pour lui une fin, mais un commencement.

Chrétien paraît avoir été le plus ancien trouvère. Nous avons de lui deux chansons d'amour, dans l'une desquelles on trouve déjà son hostilité à l'égard du mythe de Tristan :

« Je n'ai jamais bu du breuvage dont Tristan fut empoisonné, mais ce qui me fait aimer mieux que lui, c'est tendresse profonde de cœur et volonté droite » (Cité par J. Frappier, *Chrétien de Troyes*, Paris 1957, p. 72).

Il avait commencé sa carrière en écrivant des récits inspirés d'Ovide, et avait même traduit *L'Art d'aimer*. Il avait écrit l'histoire « *Du Roi Marc et d'Iseut la Blonde* », titre étrange puisque le roi Marc s'y trouve nommé, mais non Tristan, ce qui a fait supposer que Chrétien s'était plus intéressé au mariage d'Yseut qu'à ses amours avec Tristan (1).

Parmi les grands romans que nous avons conservés de lui, le premier en date est *Érec et Énide* (paru vers 1168) dont nous donnons plus loin une analyse et des extraits.

---

1. Voir Payen, O.C. II, 27.

Cligès ou la Fausse Morte (1176) est un roman sans unité. La première partie conte les amours d'Alexandre, fils de l'empereur de Constantinople, et de Soredamors, fille d'honneur de la reine Guenièvre. Ainsi fusionnent deux traditions : le conte gréco-oriental et la matière de Bretagne. Ce sont, peintes en termes délicats, les amours timides et pures de deux jeunes gens dont la passion trouvera sa pleine satisfaction et son épanouissement dans le mariage seulement, contrairement au premier principe de la poésie occitane. Le roman se poursuit avec l'histoire de Cligès, fils d'Alexandre, et de Fénice, qui, quoiqu'éprise de Cligès, a dû épouser Alis, nouvel empereur de Constantinople qui a usurpé le trône. Fénice refuse d'appartenir à un mari qu'elle n'aime pas. D'autre part elle ne veut pas se déshonorer comme Yseut en se partageant entre deux hommes :

« Qui a le cœur, il ait le corps » (3163).

Sa servante, la magicienne Thessala, prépare pour Alis un philtre qui lui donnera l'illusion, en songe, de posséder Fénice. Quand Cligès l'adjure de s'enfuir avec lui, elle refuse, pour qu'on ne parle pas d'eux comme de Tristan et d'Yseut. Mais, subterfuge hypocrite, elle se fait passer pour morte. Enfermée dans sa tombe, elle y reçoit la visite de Cligès qui la conduit dans une tour où les deux amants connaissent un bonheur mêlé d'inquiétude. Surpris, ils s'enfuient, mais Alis meurt et Cligès peut enfin monter sur le trône et épouser Fénice.

D'un bout à l'autre, Chrétien pense à *Tristan*. Il en reprend le thème : une femme se marie tout en aimant un autre homme. Mais Chrétien souligne que Fénice se conduit tout autrement qu'Yseut. Sa thèse n'est pas très convaincante : si Fénice évite de se partager entre deux hommes, c'est grâce aux complaisances de la magie, et Fénice, légitimement mariée, n'est pas moins adultère qu'Yseut. Elle ajoute seulement une fourberie. Il reste que Chrétien a affirmé à deux reprises dans ce roman que le mariage est la seule solution honorable dans l'amour. Fénice et Cligès ne pourront être vraiment heureux qu'une fois mariés. Les troubadours soutenaient au contraire que la séparation et l'abstinence étaient les conditions de la durée de l'amour.

Or le romancier qui a condamné de façon si catégorique, à deux reprises, l'idéologie de la fin' amors, va écrire un roman qui la pousse jusqu'à ses limites extrêmes. C'est *Lancelot ou le Chevalier de la charrette*, qui lui a été commandé par la comtesse de Champagne. (Voir les extraits). La rédaction de ce roman avait interrompu celle d'*Yvain ou le Chevalier au lion*, que Chrétien reprit après avoir passé la plume à Godefroy de Lagny.

Yvain, par sa prouesse, a conquis le cœur et la main de Laudine. Mais, comme Érec, va-t-il être recréant? Les chevaliers d'Arthur l'appellent à reprendre les armes. Yvain part, non seulement par attrait pour la prouesse, mais pour ménager les plaisirs de l'amour, et cela rappelle fort les conceptions provençales. Il a obtenu de sa dame un congé d'un an. Mais il laisse passer ce délai en s'attardant dans les tournois. Elle rompt alors avec lui, et nous voilà dans une situation parallèle à celle d'*Érec*. Dans les deux cas, l'amour se trouve en conflit avec la prouesse. Dans les deux cas le héros se trouve recréant. Mais Érec l'était à l'égard des armes, Yvain l'est à l'égard de l'amour. Il devient fou de douleur, puis accomplit, aidé par un lion à qui il a sauvé la vie, une longue série de prouesses, toujours au service de l'innocence opprimée. Après avoir délivré la terre de toutes sortes de monstres, il revient auprès de Laudine qui lui pardonne.

Ainsi le mariage apparaît comme la récompense de la prouesse, et c'est par elle que le bonheur conjugal se mérite. *Le Chevalier de la charrette* était dans l'œuvre de Chrétien un intermède. Il proclame à nouveau que c'est dans et par le mariage seul que l'amour peut être satisfait. Mais le chevalier ne peut pas oublier dans l'amour d'autres devoirs. Le service de sa dame n'exclut pas le service des hommes en général.

Dans l'histoire du roman français, l'originalité de Chrétien reste d'avoir posé les problèmes de l'amour après le mariage. Contre Chrétien, c'est l'idéologie de la fin' amors, c'est le mythe de Tristan qui l'emportera, car lorsque la littérature ne chante pas les amours de jeunes gens libres de leur cœur, elle s'intéresse aux amours adultères, quoiqu'elle ne leur accorde guère le bonheur; elle ne s'intéresse presque jamais à l'amour conjugal.

Après Chrétien

Chrétien reste le plus grand romancier du Moyen Age. Après lui, le roman sort le plus souvent de notre sujet, étant soumis de plus en plus à l'inspiration religieuse *(La Quête du Saint-Graal)*. Par une conséquence inévitable, l'antiféminisme y triomphe. Alors que la fin' amors idéalisait la femme, le romancier du XIIIᵉ siècle, peut-être sous l'influence des fabliaux, plus sûrement sous celle des Pères de l'Église, donne des femmes effrontées et volages, une image avilissante. Il y a certes des exceptions, dans l'œuvre de Jean Renart *(Le Lai de l'ombre)*, dans *Flamenca*, roman provençal qui conte des amours fort charnelles et adultères, mais sans rien d'humiliant pour la femme, dans *La Châtelaine de Vergy*, l'un des récits les plus parfaits que nous ait légués le Moyen Age, et qui repose sur le thème central du secret.

La châtelaine de Vergy a accordé son amour à un chevalier sous condition qu'il garde un secret absolu. Mais la duchesse de Bourgogne requiert d'amour le chevalier, qui refuse. Furieuse, elle l'accuse devant le duc de l'avoir elle-même requise. Pour se justifier, le chevalier trahit son secret, que le duc révèle à son tour à la duchesse, laquelle fait savoir à la châtelaine de Vergy qu'elle est au courant de ses amours. Celle-ci en meurt, et le chevalier se tue sur son cadavre.

Ce conte contiendrait une histoire d'amour assez ordinaire, s'il ne reprenait le thème courtois de la mort par amour. La dame a imposé un secret dont l'observance est le gage de la fidélité et du respect de l'amant. Cette trahison, si excusable soit-elle de par les circonstances, souille l'amour, et la dame en meurt, parce que l'amour est un engagement total de l'être, qui n'admet aucune tache.

4. COURTOISIE ET PRÉCIOSITÉ

André Le Chapelain

Avec le temps, l'amour courtois est devenu un ensemble de règles conventionnelles, derrière lesquelles il est de plus en plus difficile de saisir la part de sincérité du poète, et que même des théoriciens sont venus codifier. Avant Le Chapelain, le XIIᵉ siècle avait déjà produit des œuvres didactiques en latin sur l'art d'aimer, notamment le *Pamphilus*, ou *De Amore*, le *Concile de Remiremont*, poème de 238 vers dans lequel des religieuses discutent s'il faut préférer l'amour d'un clerc ou d'un chevalier. Le concile décide finalement d'exclure les religieuses qui préfèrent les chevaliers. Ce genre de débat n'était pas nouveau, et il était résolu dans le sens où le portait la condition de l'auteur : Guillaume de Poitiers jugeait à l'inverse des religieuses de Remiremont. *L'Altercatio Phyllidis et Florae* est un autre poème sur le même sujet. Mais le plus célèbre de ces codes est le traité latin d'André Le Chapelain : *De arte honeste amandi* (l'art d'aimer noblement), probablement écrit à la fin du XIIe siècle dans l'entourage de la comtesse Marie de Champagne. L'*Ars amandi* comprend trois livres. Dans le premier, l'auteur définit les conditions sociales de « l'amour fine » qui est le privilège des seigneurs, interdite aux gens d'Église et aux vilains. Le livre II examine une série de jugements d'amour rendus par des dames célèbres, telles que la comtesse Marie (1). Il en tire 31 règles d'amour, qu'on a souvent considérées comme la définition la plus rigoureuse, voire la plus orthodoxe (mais peut-il y avoir une orthodoxie en ce domaine ?) de « l'amour fine ». L'amour, selon Le Chapelain, est incompatible avec le mariage et ne saurait être qu'adultère. Première règle d'amour : « la cause du mariage par amour n'est pas une excuse valable ». Onzième règle : « il ne convient pas d'aimer celles qui par pudeur aspirent au mariage ». Le véritable amant est discret et chaste. Il aime l'âme plus que le corps (*purus amor*). Mais comme le « purus amor » est au-dessus des possibilités humaines, Le Chapelain admet un « mixtus amor » qui accorde des satisfactions partielles et graduées, depuis les simples espérances, jusqu'au « furtivus amplexus » en passant par les baisers. L'étreinte furtive n'est pas la possession totale, qui serait un danger mortel pour l'amour. Il se contente du « contactus nudi cum nuda » qui semble être l'équivalent de l'*assag* provençal. Les règles énumèrent une série de cas concrets et prononcent des jugements moraux au nom de l'amour, sur le comportement de l'amant ou de la dame en ces occasions.

Le livre III contient une curieuse volte-face. Tandis que les deux premiers exaltaient « l'amour fine », celui-ci la condamne au nom de la morale chrétienne, dénonce l'influence maléfique de la femme, et réhabilite le mariage, qui permet de canaliser les appétits sensuels. Cette palinodie est pour nous mystérieuse. L'œuvre n'est-elle qu'un exercice de clerc qui a montré sa vir-

---

1. La tenson provençale où le débat et le jeu parti dans le Nord font de ces discussions sur des cas d'amour un véritable genre littéraire appelé à avoir une lointaine descendance (les questions d'amour de l'Hôtel de Rambouillet).

tuosité en soutenant le pour et le contre? L'auteur a-t-il voulu, après avoir exposé le code que Marie tendait à imposer dans son milieu, proclamer ses propres conceptions religieuses et sauver son âme? Que ce traité ait été sérieux ou non dans les intentions de son auteur, il semble qu'il faille y voir l'expression des contradictions de la société mondaine dans les cours du XIIᵉ siècle. On s'affirme fidèle aux croyances orthodoxes, mais en même temps on proclame des valeurs mondaines incompatibles avec une éthique religieuse, mais nécessaires dans une société où la femme joue un rôle de plus en plus grand et où l'amour est l'une des grandes affaires.

Quoi qu'il en soit, l'amour courtois est maintenant un savoir et un art. Ses principes théoriques, ses règles permettent de fixer une ligne de conduite dans toutes les circonstances de la vie amoureuse. C'est moins un sentiment qu'un jeu d'esprit. Le plus fin amant n'est pas le plus passionné, mais le plus subtil, celui qui sait interpréter les règles dans les cas compliqués, celui qui sait exprimer des raffinements inattendus. La courtoisie évolue vers la préciosité.

Le Roman de la rose de Guillaume de Lorris

Tandis que son continuateur Jean de Meung sera l'adversaire de l'amour courtois, Lorris, dans la première moitié du XIIIᵉ siècle, est l'héritier des troubadours et des trouvères. Sous une forme poétique, il reprend les thèses des deux premiers livres d'André Le Chapelain. L'amour est un art :

« Ce est li Rommanz de la Rose
Où l'art d'Amors est tote enclose ».

Le poète, à l'âge de vingt ans, a fait un songe, celui de l'idéale aventure amoureuse, dans laquelle les sentiments de l'amant, ceux de la dame et de son entourage sont représentés par des personnages allégoriques qui entrent en lutte les uns contre les autres. Le dieu d'Amour fait de l'amant son serviteur et le rend amoureux de la rose, symbole de la femme aimée. Tout dans ce poème de 4058 vers est conforme à l'idéal courtois. L'idée de mariage ne vient même pas à l'esprit du poète. Pour lui l'amour est le privilège des grands. Privilège fait de joies, mais surtout de souffrances. Les thèses d'André Le Chapelain se présentent sous une forme romancée : c'est le début d'une histoire de séduction. Mais ce roman ne contient pas d'héroïne :

la Dame disparaît derrière son symbole : la Rose. Elle s'émiette en sentiments opposés qui se personnifient en allégories, mêlés à d'autres sentiments qui peuvent être aussi bien ceux de tiers : Malebouche, Jalousie, Danger, et aussi à des entités plus impersonnelles : Raison, Dieu d'Amour, ou à des divinités mythologiques : Vénus. Les deux camps se groupent autour de Bel Accueil et de Danger, et les péripéties de cette lutte représentent les hésitations de la Dame, encore intraitable et déjà séduite. Les sentiments sont ainsi classés, étiquetés, soumis à des lois. Une tradition déjà longue d'observation psychologique et d'analyse littéraire, renouvelée par l'influence de la scolastique, se fige en règles qui ne sont pas exemptes de conventions et qui ne laissent guère de place à l'imprévu, qui appauvrissent l'infinie variété de la vie réelle. L'amour est ici objet d'analyses qui, en soi, n'offrent rien de nouveau, et toute l'ingéniosité du poète se borne à faire coïncider les détails de l'analyse abstraite avec ceux de leur représentation plastique. Mais l'ingéniosité n'exclut pas la poésie. Guillaume reprend à ses prédécesseurs toute sorte de thèmes qu'il traite avec une parfaite maîtrise : la splendeur de la nature au printemps, la beauté des jardins, des fleurs, des chants d'oiseaux. Tout y respire la joie de vivre, et en même temps qu'une analyse, l'œuvre est bien un hymne à l'amour. Œuvre ambiguë, surtout parce qu'elle n'est pas terminée. La Rose, selon Guillaume, devait-elle être finalement cueillie? C'est probable, sinon certain. Le poète est trop sensible à toutes les richesses de la nature pour qu'une certaine sensualité, fort discrète, mais réelle, ne se dégage pas de l'ensemble. Il y a au fond inégalité profonde entre l'homme et la femme dans ce poème. L'amant est le seul être vivant, personnel; seul il vit sa passion. La femme n'est pas une personne, mais un objet. Ses sentiments ne sont plus que des forces classées selon leur sens : ils favorisent la séduction ou lui font obstacle. Finalement la Dame n'est rien d'autre qu'une proie (1). Telle est bien l'ambiguïté de l'amour courtois, qui accorde à la femme un culte qui n'est qu'une compensation. Il n'y a peut-être pas autant d'opposition qu'on l'a dit entre le brutal antiféminisme de Jean de Meung et la courtoisie de Guillaume. Toute la différence est dans le discours.

---

1. Cf. Pauphilet in *Poètes et romanciers du Moyen Age*, Pléiade, p. 544.

Thibaut de Champagne

On retrouve la même préciosité dans les chansons (nous en avons gardé soixante et une) de Thibaut de Champagne, roi de Navarre, et petit-fils de Marie, qui fut le contemporain de Guillaume de Lorris. La légende veut qu'il ait composé ses chansons en l'honneur de Blanche de Castille. Il fut considéré en son temps comme le plus grand des lyriques, qui avait composé « les plus belles chansons et les plus délitables et mélodieuses qui oncques fussent oïes ». Il est peut-être le premier de nos poètes qui mérite vraiment l'épithète de précieux. Amour est chez lui un dieu tout puissant, qui fait souffrir, mais de douleurs combien délicieuses! La Dame est lointaine, inaccessible, et le poète est prêt à se contenter de peu. L'amour est une guerre, que les charmes de la Dame mènent sans pitié contre le poète. Ces charmes sont aussi une prison, et les sentiments sont personnifiés en allégories à l'égal du *Roman de la rose*.

5. LE DOLCE STIL NUOVO

Les poètes de la fin' amors ont influencé toute l'Europe occidentale. Mais c'est en Italie qu'ils ont trouvé leurs plus glorieux disciples, qui devaient les dépasser de loin, et, tout en les faisant oublier, retransmettre à la France leur conception de l'amour. Aussi une histoire de l'amour idéalisé, dans laquelle les œuvres de Dante et de Pétrarque ont joué un si grand rôle ne peut-elle s'en tenir à la littérature française. Dans la deuxième moitié du XIIe siècle apparaît en Italie ce qu'on a appelé le *dolce stil nuovo* : Guido Guinizelli, Cavalcanti, Dante. Pour tous ces poètes, la véritable noblesse ne s'acquiert que par l'amour. « En cœur noble toujours s'abrite Amour, chante Guinizelli, Nature ne fit Amour avant cœur noble, ni cœur noble avant Amour » (*Al cor gentile*). Dante reprendra presque textuellement les mêmes termes : « Amour et cœur noble sont même chose » *(Vita nuova XX)*. Chez eux la Dame se spiritualise davantage encore. Elle s'éloigne du poète comme un idéal inaccessible, elle est objet de culte, d'adoration, elle n'est plus tout à fait terrestre. Le poète parle d'elle en termes si voilés qu'elle prend un caractère irréel, quoiqu'à la base de cette construction poétique (c'est le cas de Béatrice) il y ait bien une femme réelle. Mais les faits ne sont qu'un point de départ, et la Dame apparaît comme une véritable création du poète.

Elle est la meilleure part de lui-même, elle représente son aspiration à l'idéal. Son nom même est symbolique (Béatrice est la dispensatrice de bonheur : *beata*, comme plus tard Laure sera le laurier : *lauro*, et le souffle inspirateur : l'*aura*).

Les relations de Dante avec la véritable Béatrice se réduisent à bien peu de choses. A l'âge de neuf ans, il la rencontre, fillette de même âge que lui. Neuf ans plus tard, il la revoit dans une rue de Florence; elle le salue et lui dit quelques mots; c'est alors qu'elle lui inspire le premier sonnet de la *Vita nuova*. Mais, à l'exemple des troubadours, il tient secret son amour, en feignant de donner son cœur à une autre dame. Celle-ci ayant quitté Florence, il change de dame et se fait une réputation d'inconstance. Béatrice dans une nouvelle rencontre refuse de le saluer. Alors, désespéré, il renonce à tout voile et chante Béatrice directement. Elle meurt à Florence alors qu'il a vingt-cinq ans. Il vivra encore plus de trente ans. Deux ans après la mort de Béatrice, il rédige la *Vita nuova*. Ainsi la plupart des vers qu'elle lui a inspirés s'adressent à une morte qu'il a rencontrée brièvement, à de rares intervalles. Nous savons, sans avoir d'autres détails, qu'il eut d'autres amours, celles-là bien terrestres, et Béatrice dans la *Divine comédie* lui reprochera ses trahisons. Mais c'est Béatrice qui est l'inspiratrice de sa vie spirituelle. L'enfant de neuf ans, vêtue d'une robe rouge « cette couleur très noble, pudique et honnête » lui a donné la première révélation de l'amour. La jeune fille de dix-huit ans, par son seul salut, lui apporte la béatitude. Ce salut est le but de tous ses désirs, et c'est lui qui ennoblit son cœur. La *Vita nuova* est pleine de visions, de songes et d'extases, où la mort est aussi présente que l'amour. Car Béatrice dès le départ est un ange. Les anges du ciel demandent à Dieu pourquoi il laisse cette merveille s'attarder sur terre (XIX). Auprès du Seigneur, auprès de la Vierge Marie dont elle est une réplique, Béatrice veille particulièrement sur le poète, au salut de qui elle va se consacrer. C'est elle qui dans le *Paradis* le promène à travers les sphères des bienheureux.

Jamais la poésie provençale du XIIᵉ siècle n'avait à ce point spiritualisé, divinisé la Dame, avec qui le poète n'a plus, même en pensée, aucun lien charnel. Presque tout élément matériel disparaît de son chant. La poésie amoureuse devient, avec Dante, une poésie religieuse. Et c'est peut-être une des raisons pour lesquelles il a été beaucoup moins célébré en France, à l'époque classique, que son grand successeur et disciple : Pétrarque.

LORSQUE LES JOURS SONT LONGS EN MAI

Lorsque les jours sont longs en mai
J'aime le doux chant d'oiseaux lointains,
Et quand je suis parti de là,
Il me souvient d'amour lointain : (1)
Je m'en vais cœur morne et pensif,
Si bien que chants, fleurs d'aubépine
Ne me plaisent plus qu'hiver gelé.

Je le tiens bien pour vrai, le Seigneur
Par qui je verrai l'amour lointain;
Mais pour un bien qui m'en échoit
J'ai deux maux, tant il m'est lointain.
Ah! si j'étais là-bas pèlerin,
Que mon bâton, ma couverture,
Soient aperçus de ses beaux yeux!

Oh! la joie de lui demander
Pour l'amour de Dieu le gîte lointain;
Et s'il lui plaît j'habiterai
Auprès d'elle, quoique lointain :
Et l'on parlera avec douceur
Quand l'ami lointain sera si proche
Que de belles causeries le consoleront.

Triste et joyeux je m'en irai,
Si jamais je le vois, l'amour lointain;
Mais ne sais quand le verrai,
Car trop en sont nos pays lointains :
Il y a trop de pas et de chemin;
Et pour cela ne suis devin,
Mais que tout soit comme à Dieu plaît.

Jamais d'amour je ne jouirai
Si je ne jouis de cet amour lointain;

_____

1. Ici naît le thème de l'amour lointain qu'on trouve encore dans le drame d'Edmond Rostand : *La Princesse lointaine*.

Car je n'en sais de plus noble ni de meilleur,
En nul endroit, ni près ni loin ;
Tel est son prix et vrai et sûr
Que là-bas, en terres de Sarrazins
Je voudrais pour elle être appelé captif.

Dieu qui fit tout ce qui va et vient
Et forma cet amour lointain
Qu'il me donne pouvoir, car j'en ai le cœur,
De voir cet amour lointain,
Vraiment, en lieux si aisés
Que la chambre et le jardin
Me semblent toujours un palais.

Dit vrai celui qui m'appelle avide
Et désireux d'amour lointain
Car nulle autre joie ne me plaît tant
Que jouissance d'amour lointain.
Mais ce que je veux m'est refusé
Car ainsi m'a voué mon parrain
A aimer sans être aimé.

Mais ce que je veux m'est refusé ;
Qu'il soit maudit le parrain
Qui m'a voué à n'être pas aimé.

Jaufré RUDEL, *Chansons*,
d'après le texte de l'édition Jeanroy,
« Classiques français du Moyen Age », Champion, 1924.

— Quels sont les divers sens du mot lointain à travers ce poème ?
— Pourquoi le poème débute-t-il par l'évocation du mois de mai ? Cherchez d'autres exemples dans la poésie du Moyen Age.
— Montrez comment la joie et la douleur s'entremêlent dans ce thème de l'amour sans espoir.

QUAND JE VOIS L'ALOUETTE...

Dans le poème qui suit, le thème du désespoir amoureux est exprimé avec beaucoup de pathétique. Cette chanson est celle qui a le plus contribué à la célébrité de Bernard de Ventadour. Certains de ses motifs sont destinés à devenir traditionnels : l'ingratitude de la Dame, le fait qu'elle ignore la pitié, ses yeux qui sont un miroir où l'amant a trouvé la mort comme Narcisse s'est noyé dans la fontaine, la malédiction que l'amant jette sur tout le sexe féminin, son renoncement à l'amour alors qu'il n'a plus devant lui que l'exil et la mort.

Quand je vois l'alouette battre
De joie ses ailes sous le rayon du soleil
S'oublier et se laisser choir
Pour la douceur qui au cœur lui vient,
Hélas! Quelle envie me saisit
De tous ceux que je vois joyeux!
C'est merveille qu'à l'instant
Le cœur ne me fonde de désir.

Hélas! Tant croyais savoir
D'amour, et si peu en sais!
Car d'aimer ne me puis tenir
Celle dont jamais je n'aurai jouissance;
Elle a tout mon cœur, elle m'a tout à elle,
Elle m'a pris moi-même et le monde entier;
Et quand elle s'est dérobée, ne m'a rien laissé
Que le désir et cœur inassouvi.

Plus n'ai sur moi pouvoir,
Je n'ai plus été mien du jour
Qu'elle m'a laissé en ses yeux voir,
En un miroir qui moult me plaît.
Miroir, depuis que je me suis miré en toi,
Ils m'ont tué les soupirs profonds.
Et me suis perdu comme s'est perdu
Le beau Narcisse en la fontaine.

Des Dames, je me désespère!
Jamais en elles ne me fierai;
Autant j'avais coutume de les louer,
Autant je les abandonnerai.
Je n'en vois pas une qui prenne ma défense
Auprès de celle qui me détruit et me confond,
De toutes je doute, je ne crois plus en elles,
Car sais bien qu'elles sont toutes ainsi.

Elle se montre bien femme
Ma Dame, c'est là mon reproche,
Car elle ne veut ce qu'on doit vouloir,
Et ce qu'on lui défend, le fait.
Tombé suis en mauvaise fortune,
Et ai bien fait comme le fou sur le pont (1)
Et ne sais pourquoi cela m'advient,
Sinon qu'ai trop voulu monter amont.

Pitié est perdue vraiment,
Et moi je ne le savais pas,
Car celle qui plus en devrait avoir
N'en a pas; et où la chercher?
Ah! Elle n'en a pas l'air pour qui la voit!
Ce malheureux plein de désirs,
Qui jamais sans elle n'aura de bien,
Elle le laisse mourir sans l'aider!

Puisqu'auprès de ma Dame rien ne me peut valoir,
Ni prières, ni pitié ni les droits que j'ai,
Puisqu'à elle ne plaît pas
Que je l'aime, jamais ne le lui dirai.
Ainsi je me sépare d'amour et le renie :
Elle m'a donné mort, par la mort je réponds,
Et je m'en vais, puisqu'elle ne me retient,
Malheureux, en exil, je ne sais où.

---

1. Proverbe. Celui qui passe sur un pont, s'il n'est fou, descend de sa monture.

Envoi.

Tristan (1), vous n'aurez rien de moi,
Car je m'en vais, malheureux, je ne sais où :
Mes chants, je les cesse, je les renie
Et loin de joie (2) et d'amour je me cache.

Bernard de VENTADOUR,
d'après le texte de Bartsch,
Chrestomathie provençale,
6e éd. Marburg, N.G. Elwert, 1904.

LE JOUR QUE JE VOUS VIS...

La chanson qui suit développe deux thèmes : celui de l'aliénation dans l'amour, celui de l'espoir, grâce à qui la souffrance se change en plaisir. Noter qu'ici le troubadour s'accorde, comme dérivatif à sa douleur, le droit de courtiser d'autres femmes, mais pour revenir à celle qui lui donne « la joie ».

Le jour que je vous vis, Dame, pour la première fois,
Quand il vous plut de me laisser vous voir,
Tout mon cœur quitta autres pensées,
Et fut ferme en vous tout mon vouloir :
Ainsi vous m'avez mis, Dame, au cœur le désir
Avec un doux sourire et un simple regard ;
Moi-même et tout ce qui existe me fîtes oublier.

Car la grande beauté et la conversation avenante
Et le dit courtois et l'amoureux plaisir
Que vous me sûtes faire me dérobèrent si bien le sens
Que depuis lors, Dame, je ne puis l'avoir ;

1. Ce nom désigne probablement la femme du seigneur de Ventadour, que Bernard aimait. Quand le seigneur l'apprit, il le chassa, et fit enfermer sa femme, qui, à son tour, signifia son congé au troubadour.
2. Le mot « joy » joue un très grand rôle dans la poésie des troubadours. Il a des sens multiples. Il exprime essentiellement la vie intense et exaltante que le poète trouve dans l'amour.

A vous l'octroie, à qui mon fidèle cœur crie merci
Pour exalter votre prix et l'honorer;
A vous me rends, que mieux on ne peut aimer.

Car je vous aime, Dame, si fidèlement
Qu'une autre aimer, Amour ne me donne pouvoir,
Mais il me permet que je courtise une autre gentiment,
Par qui je crois de moi la cruelle douleur écarter;
Puis quand je pense à vous qui me donnez la joie,
Tout autre amour j'oublie et abandonne,
Avec vous je reste, qui m'êtes au cœur plus chère.

Et qu'il vous souvienne, s'il vous plaît, de la bonne
Que vous me fîtes lors de la séparation,   [promesse
Dont j'ai le cœur jusqu'ici gai et joyeux
Pour la bonne attente que me mandez de garder :
J'en ai grande joie quoique le mal s'aggrave,
Et j'en aurai, quand il vous plaira, encore,
Bonne Dame, car je vis dans l'espoir.

Et nulle souffrance ne me donne épouvante,
Pourvu que je croie dans ma vie en avoir
De vous, Dame, quelque récompense;
Mais les souffrances me font joie et plaisir
Pour cela seulement que, je le sais, Amour assure,
Que fidèle amant doit à grands torts pardonner
Et subir gentiment les souffrances pour gagner.

Ah! si elle venait, Dame, l'heure où je voie
Que par pitié me veuilliez tant honorer
Que seulement ami me daigniez appeler.

Guilhem de CABESTANH,
d'après le texte de l'édit. A. Langfors,
« Classiques français du Moyen Age », Champion, 1924.

[CHANSON DE CROISADE]

Hélas! Amour, quelle dure séparation
Me faudra faire de la meilleure
Qui oncques fut aimée ni servie!
Que Dieu me ramène à elle par sa douceur
Aussi vrai que je me sépare d'elle avec douleur!
Las! Qu'ai-je dit? Je ne m'en sépare mie
Si le corps va servir Notre-Seigneur,
Le cœur reste tout entier en son pouvoir (1).

Pour elle en soupirant je m'en vais en Syrie,
Car je ne dois faillir à mon Créateur,
Qui lui faillira en ce besoin d'aide,
Sachez qu'il lui faillira en plus grand besoin;
Et sachent bien les grands et les petits
Que là on doit faire chevalerie,
Où l'on conquiert Paradis et honneur,
Et prix et gloire et l'amour de sa mie.
. . . .

Tous les clercs et les hommes d'âge
Qui en aumônes et en bienfaits persévéreront
Partiront pour ce pèlerinage,
Et les dames qui chastement vivront,
Loyauté garderont à ceux qui iront;
Et si elles font, par mauvaise pensée, folie,
Avec gens lâches et mauvais le feront,
Car tous les bons iront en ce voyage.
. . . .

Envoi.

Las! je m'en vais pleurant des yeux de mon front,
Là où Dieu veut amender mon cœur;
Et sachez bien qu'à la meilleure du monde
Je penserai plus que ne le dis en ce voyage.

Conon de BÉTHUNE, Chanson IV,
d'après l'édition Wallensköld, Helsingfors,
Champion, 1891.

---

1. Le thème de la séparation du cœur et du corps sera un lieu commun de la poésie amoureuse pendant plusieurs siècles.

> Comment le chevalier accorde-t-il l'amour de sa mie avec sa décision de partir pour la croisade?

MOULT M'ÉMERVEILLE
DE MA DAME ET DE MOI

Moult m'émerveille de ma Dame et de moi,
Qu'elle me tient quand je suis loin d'elle,
Je crois guérir à l'heure que je la vois,
Mais lors redouble le mal dont je meurs.
Que Dieu m'aide! C'est chose trop étrange
Que je meure pour l'avoir vue;
Mais je me fie en ma bonne foi
Et en ce que jamais ne lui mentis.

Beaucoup se demandent pourquoi
J'aime un être qui n'a de moi merci;
Ils sont vilains et de mauvaise loi;
Car je n'ai pas, Dame, encore mérité
Le doux regard dont vous m'avez saisi
Et la pensée dont mon cœur se réjouit;
Et si l'on dit qu'en cela je fais folie
On ne me connaît pour un loyal ami.

Loyal ami suis-je sans faire de folie,
Amour m'a mis en sa prison,
Elle me fait aimer sa personne et la chérir
Et bien parler et entendre raison,
Celle de qui j'attends le guerredon (1),
En moi je ne trouve ni colère ni rancœur.
Mon bon espoir je ne voudrais changer
Contre personne, pour un autre don.

---

1. *Guerredon* : récompense.

Les médisants nous font grand embarras
Qui se vantent d'aimer par trahison;
Aux amants ils retardent la joie
Et aux dames sont cruels et félons.
Que le Seigneur Dieu ne leur fasse pardon!
Ils me tuent sans arme et sans bâton,
Quand je les vois ensemble comploter;
Mais ma Dame n'en pense que du bien.

Chanson, va-t'en tout droit en Mâconnais (1)
A mon seigneur le Comte; je lui mande ceci :
Puisqu'il est noble et preux et courtois,
Qu'il garde sa valeur et la porte plus loin.
Mais nulle chose au Comte je ne demande
Sinon pour l'amour de lui et de ma Dame chanter
Elle qui m'a prié de chanter en ce mois;
Mais ma joie me fait beaucoup attendre.

Guiot de PROVINS,
Chanson V, d'après l'édition Orr, Manchester,
Université de Manchester, 1915.

— Comment le poète ressent-il l'absence et la présence de la Dame?
— Pourquoi son amour peut-il passer pour une folie? Comment le justifie-t-il? Comment défend-il la conduite de la Dame? Quelle critique lui adresse-t-il?
— En quoi peut consister son espoir? D'après la dernière strophe, quels sont les rapports du poète et du mari de sa Dame?

---

1. Sa Dame est donc comtesse de Mâcon.

LES OISILLONS DE MON PAYS

Dans la chanson suivante, le poète n'a devant lui que
le désespoir, dont il peint les ravages physiques, la folie et
la mort.

Les oisillons de mon pays
Ai ouïs en Bretagne ;
A leur chant il m'est bien avis
Qu'en la douce Champagne
Les ouïs jadis
Si je ne me suis mépris.
Ils m'ont en si doux penser mis
Qu'à chanson faire me suis pris
Jusqu'à ce que j'atteigne
Ce qu'Amour m'a longtemps promis.

De longue attente m'ébahis
Sans que je m'en plaigne ;
Cela m'ôte la joie et le ris ;
Nul de ceux qu'Amour étreint
N'est d'autre chose attentif.
Mon cœur et mon visage
Je les trouve si souvent troublés
Qu'un fou semblant suis devenu.
Que d'autres en Amour soient mauvais,
Jamais, certes, mal ne lui fis.

En me baisant, mon cœur me ravit
Ma douce Dame gente ;
Trop fus fou quand il m'abandonna
Pour elle qui me tourmente !
Las ! ne l'ai pas senti
Quand de moi partit ;
Tant doucement me le prit
Qu'en soupirant, à soi l'attira ;
Mon fol cœur elle séduit
Mais jamais n'aura de moi merci.

D'un baiser dont il me souvient
Ce m'est avis, en mon idée,

Qu'il n'est heure, et cela m'a trahi,
Qu'à mes lèvres ne le sente.
Quand elle souffrit
Que je la voie,
De ma mort que ne m'a-t-elle préservé!
Elle sait bien que je m'occis
En cette longue attente,
Dont j'ai visage teint et pâli.

Puisque m'ôte rire et jeux
Et me fait mourir d'envie,
Trop souvent il me fait cher payer
Amour sa compagnie.
Las! je n'y ose aller,
Car aux fous ressembler
Me font ces faux demandeurs d'amour.
Mort suis quand les vois lui parler;
Car point de tricherie
Ne peut nul d'eux en elle trouver.

Gace BRULÉ,
Chanson XVII, édition Huet,
Société des Anciens Textes Français, Champion, 1902.

Mais le même poète chante aussi :

De bien aimer grand'joie j'attends
Car c'est ma plus grande envie;
Et sachez bien certainement
Qu'amour a telle seigneurie
Que double récompense il rend
A celui qui en lui se fie,
Et celui qui d'aimer se repent
S'est bien tourmenté pour néant.

Chanson VI, *ibid.*

LE NOUVEAU TEMPS ET MAI ET VIOLETTE

Le sire de Coucy est mort à la croisade en 1191. Comme pour Guillaume de Cabestanh, la légende conte sur lui une histoire de cœur mangé. Il fut un des poètes les plus réputés de son temps.

Le nouveau temps et mai et violette
Et rossignol m'invitent à chanter,
Et mon fin (1) cœur me fait d'une amourette
Si doux présent que ne l'ose refuser.
Or que Dieu me laisse en tel honneur monter
Que celle où j'ai mon cœur et mon penser
Je tienne une fois entre mes bras nuette (2),
Avant que j'aille outre mer!

Au commencer la trouvai si doucette,
Je ne croyais jamais pour elle mal endurer;
Mais son doux visage et sa belle bouchette,
Et son bel œil changeant, riant et clair
M'avaient pris avant que je m'osasse donner;
Si elle ne veut me garder ni me délivrer,
J'aime mieux avec elle faillir, quoi qu'elle promette,
Qu'avec une autre réussir.

Las! pourquoi l'ai de mes yeux regardée,
La douce chose qui fausse amie a nom?
Elle rit de moi, et je l'ai tant aimée!
Si doucement ne fut trahi nul homme.
Tant que je fus mien, ne me fit que du bien,
Maintenant je suis sien, elle m'occit sans raison
Et pour autant que de cœur l'ai aimée,
Je n'y sais d'autre raison.

De mille soupirs que je lui dois par dette
Elle ne me veut d'un seul quitte clamer,

---

1. Fin a le même sens que dans fin'amors.
2. Cette touche de sensualité est rare chez les trouvères. Mais ici la distance sociale entre le poète et la dame n'est pas la même. Le sire de Coucy est un grand seigneur, et le ton plus léger sur lequel il chante son amour semble indiquer que la dame lui est plutôt inférieure socialement.

Et faux amour ne laisse de s'entremettre
Et ne me laisse dormir ni reposer.
Si elle m'occit, moins aura à garder,
Je ne m'en sais venger, sinon pleurer;
Car celui qu'Amour détruit et abandonne
Il ne doit pas blâmer...

Si secrètement est ma douleur celée
Qu'à mon allure ne la reconnaît-on,
S'il n'y eût eu les malintentionnés,
Je n'eusse pas en vain soupiré,
Amour m'eût donné son guerredon.
Mais sur le point de recevoir mon don,
Lors fut mon amour divulgué et montré :
Qu'ils n'obtiennent jamais leur pardon!

CHATELAIN DE COUCY,
Chanson V.

LA DOUCE VOIX DU ROSSIGNOL SAUVAGE

La douce voix du rossignol sauvage
Qu'ouïs nuit et jour bavarder, retentir
Me radoucit le cœur et le soulage :
Lors ai l'envie de chanter pour m'ébaudir.
Bien dois chanter, puisqu'il vient à plaisir,
Celle à qui j'ai de mon cœur fait hommage,
Et dois avoir grand joie en mon cœur,
Si elle me veut à son service retenir.

Oncques envers elle n'eus cœur faux ni volage,
Et m'en devrait pour cela mieux advenir,
Mais l'aime et sers et l'adore par usage,
Et ne lui ose mon penser découvrir.
Car sa beauté me fait tant ébahir
Que je ne sais devant elle nul langage,
Ni n'ose regarder son sincère visage
Tant je redoute d'en détacher mes yeux!

Tant ai vers elle fixé ferme mon cœur
Qu'ailleurs ne pense; que Dieu m'en laisse jouir!

Jamais Tristan, celui qui but le breuvage,
Si loyalement n'aima sans repentir !
Car j'y mets tout, cœur et corps et désir,
Force et savoir, ne sais si ce n'est sage.
Encore me doute que tout au cours de mon âge
Ne puisse assez elle et son amour servir.

Je ne dis pas que je ne sois pas sage
Même si pour elle il me fallait mourir :
Car au monde ne trouve si belle ni si sage,
Et nulle chose n'est tant à mon désir.
Moult aime mes yeux qui me la firent choisir :
Dès que la vis, lui laissai en otage
Mon cœur qui depuis y a fait un long stage,
Et jamais jour ne l'en veux départir.

Chanson, va-t'en pour faire mon message
Là où je n'ose me tourner, même à la dérobée,
Car tant redoute mauvaises gens ombrageux
Qui devinent, avant qu'ils puissent advenir,
Les biens d'amour : Dieu les puisse-t-il maudire !
A maint amant ont fait tort et outrage ;
Mais j'ai ce bien cruel avantage
Qu'il me faut contre mon gré leur obéir.

Chanson III, ibid.

LE LAI DU CHÈVREFEUILLE

Tristan, séparé d'Yseut, apprend que la cour du roi Marc va se rendre à Tintagel ; elle doit traverser la forêt où il se cache. C'est l'occasion de revoir son amie.

Tristan l'apprit, moult se hâta.
Elle ne pourra mie aller
Sans qu'il la voie passer.
Le jour que le roi se mit en route,
Tristan est dans le bois revenu
Sur le chemin où il savait
Que le cortège passer devait.

Un coudrier trancha par moitié,
Et tout carré le fendit.
Quand il a préparé le bâton
De son couteau écrit son nom.
Si la reine s'en aperçoit,
Qui moult grand garde en prenait
— Une autre fois était advenu
Qu'ainsi elle l'avait aperçu —
De son ami bien connaîtra
Le bâton quand elle le verra.
Ce fut la somme de l'écrit (1)
Qu'il lui avait mandé et dit :
Que longtemps là avait été
Et attendu et séjourné
Pour épier et pour savoir
Comment il la pourrait voir,
Car ne pouvait vivre sans elle.
De tous deux était-il ainsi
Que du chèvrefeuille était
Qui au coudrier se prenait :
Quand il s'y est lacé et pris
Et tout autour du fût s'est mis
Ensemble peuvent bien durer,
Mais si l'on veut les séparer,
Le coudrier meurt hâtivement
Et le chèvrefeuille en même temps :
« Belle amie, ainsi est de nous :
« Ni vous sans moi, ni moi sans vous ».

MARIE DE FRANCE.

La reine en chevauchant aperçoit le bâton, et ce qui est écrit dessus. Avec sa fidèle Brangien elle s'écarte du cortège et trouve son ami dans le bois. « Entre eux mènent joie grande. » Elle lui donne des conseils pour obtenir le pardon de son oncle, et Tristan retourne au pays de Galles jusqu'à ce que le roi le rappelle. De cette aventure, « Tristan qui bien savait harper » fait le lai appelé *Chèvrefeuille*.

---

1. Quel écrit ? S'agit-il d'un autre message ? Ou les mots qui suivent sont-ils écrits sur le bâton ? Le récit reste mystérieux.

[MORT DE TRISTAN ET D'YSEUT]

> Tristan, exilé en Bretagne, a épousé Yseut aux blanches
> mains. Mais, fidèle au souvenir d'Yseut la blonde, il se
> refuse à consommer ce mariage. Blessé dans un combat,
> il ne peut être guéri que par la magicienne Yseut la blonde;
> il envoie donc son beau-frère Kaherdin pour la ramener.
> Si Kaherdin réussit, sa nef aura une voile blanche; sinon
> la voile sera noire. Le mauvais temps retarde le retour de
> Kaherdin.

Tristan en est dolent et las;
Souvent se plaint, souvent soupire
Pour Yseut que tant désire,
Pleure des yeux, son corps se tord,
Peu s'en faut que de désir ne meure.
En cette angoisse, en ce supplice
Vient sa femme Yseut devant lui,
Projetant grande tromperie,
Dit : « Ami, voici que vient Kaherdin,
Sa nef ai vue en la mer,
A grand peine l'ai vue cingler,
Cependant l'ai si bien vue
Que pour sienne l'ai reconnue.
Dieu donne que telle nouvelle apporte,
Dont vous, au cœur, ayez réconfort! »
Tristan tressaille à la nouvelle.
Dit à Yseut : « Amie belle,
Savez-vous pour vrai que c'est sa nef?
Or me dîtes quelle est la voile. »
Ce dit Yseut : « Je le sais pour vrai.
Sachez que la voile est toute noire.
Ils l'ont hissée et levée haut
Pour ce que le vent fait défaut ».
Donc a Tristan si grand douleur,
Que jamais n'en eut, n'en aura de plus grande;
Il se tourne vers la paroi,
Et dit : « Dieu sauve Yseut et moi!
Puisque à moi ne voulez venir,
Pour votre amour me faut mourir.

en vie vientque Hastinemet Dynas
mande deliureint leroy et le messa
ce ala alin et fui compta ces ne

Coint Tristan entre ce qil fut arine fr
kenus en cornoaille buns Jour il estou
auecques la Royne pseult seul a seul andu

Roman de Tristan
Mort de Tristan et Yseut

Je ne puis plus tenir ma vie;
Pour vous je meurs, Yseut, belle amie.
N'avez pitié de ma langueur,
Mais de ma mort aurez douleur,
Ce m'est, amie, grand réconfort,
Que vous ayez pitié de ma mort »
« Amie Yseut » trois fois a dit,
La quatrième, il rend l'esprit.

| Yseut la blonde aborde, et apprend cette mort.

Dès que Yseut entend la nouvelle,
De douleur ne peut sonner mot,
De sa mort elle est si endeuillée,
Qu'elle va dans la rue, le vêtement défait,
Devant les autres, vers le palais.
Bretons ne virent jamais plus
Femme de sa beauté :
Ils s'émerveillent par la cité :
D'où vient-elle? Qui est-elle?
Yseut va là où voit le corps,
Et se tourne vers Orient,
Pour lui prie, à faire pitié
« Ami Tristan, quand mort vous vois,
Je n'ai plus de raison de vivre,
Vous êtes mort pour l'amour de moi,
Et je meurs, ami, de tendresse,
Puisqu'à temps n'ai pu venir
Vous et votre mal guérir.
Ami, ami, pour votre mort
N'aurai jamais de rien réconfort,
Joie, allégresse ou plaisir.
Cet orage soit maudit,
Qui tant me fit, ami, en mer,
Sans pouvoir venir, demeurer!
Si j'étais à temps venue,
Vie vous eusse rendue,
J'aurais parlé doucement à vous
De l'amour qui a été entre nous.
J'aurais plaint mon aventure,

Notre joie et nos plaisirs,
La peine et la grand douleur,
Qui a été en notre amour,
J'aurais tout cela rappelé,
Je vous aurais baisé, accolé.
Si je ne pouvais vous guérir,
Qu'ensemble puissions-nous donc mourir!
Puisqu'à temps venir n'ai pu
Que je n'ai appris l'aventure,
Que venue suis à votre mort,
De même breuvage aurai réconfort,
Pour moi avez perdu la vie
Et je ferai comme vraie amie,
Pour vous veux mourir pareillement ».
Elle l'embrasse et s'étend,
Baise la bouche et la face,
Très étroitement elle l'embrasse,
Corps contre corps, bouche à bouche étendue,
Son esprit à l'instant elle rend,
Et meurt à côté de lui ainsi
Pour la douleur de son ami.
Tristan mourut pour son amour,
Yseut, pour, à temps, n'avoir pu venir,
Tristan mourut pour son amour
Et la belle Yseut, par tendresse.

THOMAS, *Tristan et Yseut*,
traduit du texte de l'édition Bartina H. Wind.
(Genève, Droz; Paris, Minard, 2ᵉ édit. 1960).

ÉREC ET ÉNIDE

Érec, fils du roi Lac, et l'un des plus brillants chevaliers du roi Arthur, est gravement insulté par un chevalier inconnu, alors qu'il n'a pas d'armes pour se venger. Il le suit jusque dans un bourg où il est hébergé par un pauvre vavasseur (homme de petite noblesse) dont la fille, misérablement vêtue d'un chainse blanc (tunique), est merveilleusement belle. C'est Énide. Le lendemain est disputée l'épreuve de l'épervier qui appartiendra à celui qui a une amie très belle et sans reproche. Le chevalier inconnu revendique l'épervier. Érec demande au vavasseur la main d'Énide et va défier le chevalier à qui il livre une longue et terrible bataille. Épuisés, les deux champions se reposent.

> Érec regarde vers sa mie,
> Qui moult doucement pour lui prie :
> Aussitôt qu'il l'a vue,
> Sa force en est accrue ;
> Pour son amour et pour sa beauté
> A repris moult grand fierté.

> CHRÉTIEN DE TROYES,
> *Érec et Énide* (907-912),
> d'après l'édition René Louis
> (C.F.M.A., Champion, 1954).

Érec puise dans la vue de la femme aimée la force de reprendre le combat et de vaincre. Il revient avec Énide à la cour d'Arthur où il l'épouse. Tous deux se livrent aux délices de l'amour. « Il fit d'elle son amie et sa drue (amante) » (2435). Érec aime tant sa femme qu'il oublie les armes et la chevalerie. Ses vassaux commencent à se gaber de lui, l'accusent d'être un « recréant » (2462). Ces bruits reviennent aux oreilles d'Énide qui se désole du mépris où l'on tient son mari et des accusations qui rejaillissent sur elle. Un matin, à côté d'Érec endormi, elle pleure et dit son chagrin. Il entend ses derniers mots et la somme de s'expliquer. Pris d'une colère froide devant les propos qu'elle rapporte, il lui ordonne de s'habiller, se fait équiper de ses armes, et après lui avoir imposé de ne plus lui adresser la parole, il part avec elle à l'aventure. Au long de leur chevauchée, il doit affronter des brigands, des chevaliers querelleurs ou félons. Chaque fois Énide se trouve prise entre le silence qui lui est imposé et le besoin de prévenir Érec du danger. Chaque fois elle parle, pour le sauver, quitte à provoquer sa colère. Finalement Érec est vaincu par une telle fidélité.

> Et Érec qui sa femme emporte,
> L'accole et baise et réconforte ;
> Entre ses bras, contre son cœur

L'étreint et dit : « Ma douce sœur,
Bien vous ai en tout éprouvée.
Or ne soyez plus en émoi
Car je vous aime plus que jamais ne fis,
A nouveau suis certain et sûr
Que vous m'aimez parfaitement.
Je veux être dorénavant
Ainsi que j'étais devant,
Tout à votre commandement;
Et si de moi avez médit,
Je vous pardonne et vous tiens quitte
De la faute et de la parole. »

Ibid. (4879-93). Éd. Champion.

Désormais ils ne pensent plus qu'à l'amour et au plaisir. Pas avant cependant qu'Érec n'ait remporté victorieusement l'épreuve de la « joie de la cour ». Il lui faut pénétrer dans un jardin enchanté dont nul n'est jamais revenu, et où un chevalier géant garde une pucelle. Ce jardin est évidemment le royaume de l'au-delà et la pucelle est la déesse de la mort. Érec n'aura définitivement prouvé sa vaillance devant sa femme qu'après avoir accompli sa descente aux enfers.

Ce roman, à bien des égards, n'est pas un roman courtois. D'abord la disparité sociale entre les deux amants est ici inversée. C'est l'homme qui est de sang royal. Énide est une fille pauvre qui doit tout à son mariage. Puis Érec demande la main d'Énide à son père sans lui demander à elle son avis. C'est un défi à la courtoisie. Une fois mariés ils s'aiment passionnément. Autre défi! Au moment où il enjoint à Énide de s'habiller pour partir, le laconisme d'Érec est troublant, et l'on a donné de cette décision diverses explications (1). Reproche-t-il à sa femme d'avoir trop tardé à lui répéter ce qu'on disait de lui, ou au contraire de colporter des calomnies? Lui en veut-il d'avoir douté de sa vaillance? Les mots prononcés lors de la réconciliation nous font pencher pour la seconde thèse. Mais Chrétien est un romancier psychologue et lorsque la psychologie atteint une certaine profondeur elle pose

---

1. Voir discussion in Moshé Lazar, O.C. ch. IV, I, et Payen II, *28*.

toujours plus de questions à mesure qu'elle en résout. Ce qui est sûr, c'est qu'à ce moment-là se révèle une faille dans leur amour, et le problème de la solitude du couple est posé. Pour Chrétien l'amour ne peut être heureux si le couple se replie sur lui-même et oublie le monde. L'amour doit se mériter, et le mariage ne résout rien. Les amants ne retrouveront le bonheur que lorsque Érec aura montré devant sa femme les preuves de sa vaillance. Il ne demeure digne d'Énide qu'à condition de se mettre au service des hommes. Cette condition une fois remplie, les époux peuvent être heureux, par l'amour, dans le mariage, et nous sommes fort loin des troubadours, loin même des *Tristan* auxquels Chrétien fait plusieurs allusions critiques.

[LA JEUNE VEUVE]

Yvain, en quête d'aventures, est allé vers une fontaine magique qui, lorsqu'on répand son eau sur un perron (grosse pierre), déchaîne une épouvantable tempête. Il tue le gardien de cette fontaine, Esclados le Roux, mari de Laudine. Prisonnier dans le château de Laudine, il est sauvé par l'anneau magique de la servante Lunette, qui le rend invisible. Il voit Laudine, et tombe amoureux d'elle. L'adroite Lunette réussit à apaiser le courroux de la dame contre le meurtrier de son mari, et ménage une entrevue.

Il eut grand peur, croyez-moi,
Messire Yvain à l'entrée
De la chambre, où ils ont trouvé
La dame qui ne lui dit mot ;
Et pour cela grand peur en eut,
Il fut de peur si ébahi
Qu'il crut bien être trahi,
Et se tint loin de là
Jusqu'à ce que la pucelle parla
Et dit : « Que le diable ait son âme
A qui mène en la chambre d'une belle dame
Chevalier qui ne s'en approche

Et qui n'a ni langue ni bouche,
Ni sens, pour se faire connaître! »
Maintenant par le bras le tire
Et lui dit : « Ici venez,
Chevalier, et peur n'ayez
De ma dame, qu'elle ne vous morde;
Mais demandez-lui que la paix vous accorde,
Et je la prierai avec vous
Que la mort d'Esclados le Roux
Qui fut son seigneur, elle pardonne. »

Messire Yvain maintenant joint
Ses mains, et s'est à genoux mis
Et dit, comme vrai ami :
« Dame, vraiment ne vous demanderai
Merci, mais vous remercierai
De tout ce que vous me voudrez faire,
Car rien ne me saurait déplaire.
— Non, sire? Et si je vous occis?
— Dame, à vous grand merci,
Car jamais ne m'entendrez dire autre chose.
— Jamais, dit-elle, je n'entendis telle chose
Car vous vous mettez à mon gré
Entièrement en mon pouvoir,
Sans que je vous y force.
— Dame, il n'est pas de plus grande force,
Que celle-ci, sans mentir,
Qui m'ordonne de consentir
Votre vouloir du tout au tout.
Nulle chose à faire je ne redoute
Qu'il vous plaise de me commander,
Et si je pouvais réparer
La mort par qui contre vous j'ai méfait,
Je la réparerais sans discuter.
— Comment? fait-elle : maintenant me le dîtes,
Et soyez de réparation quitte,
Si en rien vous ne méfîtes
Quand mon seigneur vous occîtes?
— Dame, fait-il, grand merci;
Quand votre seigneur m'assaillit,
Quel tort eus-je de me défendre?

Qui autrui veut occire ou prendre,
Si l'occit celui qui se défend,
Dîtes si en rien il fait mal.
— Non, si la justice on regarde bien;
Et, ce crois-je, il ne me vaudrait rien,
Quand occire je vous aurais fait.
Et bien volontiers ceci je saurais
D'où cette force peut venir
Qui vous ordonne de consentir
A mon vouloir, sans contredit;
De tous torts et méfaits vous tiens quitte,
Mais seyez-vous, et me contez
Comment vous êtes si bien dompté.
— Dame, fait-il, la force vient
De mon cœur, qui à vous se tient;
En ce vouloir m'a mon cœur mis.
— Et qui le cœur, beau doux ami?
— Dame, mes yeux. — Et les yeux, qui?
— La grande beauté qu'en vous je vis.
— Et la beauté, quel mal a-t-elle fait?
— Dame, amoureux elle m'a fait!
— Amoureux? Et de qui? — De vous, Dame chère.
— Moi? — Oui, vraiment. — En quelle manière?
— En telle que plus grand amour ne se peut;
En telle que jamais de vous ne se meut
Mon cœur, que jamais ailleurs je ne le trouve;
En telle qu'ailleurs penser je ne puis;
En telle que tout à vous je m'offre;
En telle que plus vous aime que moi;
En telle que, s'il vous plaît, à votre gré,
Pour vous je veux mourir ou vivre.
— Et oseriez-vous entreprendre
De ma fontaine pour moi défendre?
— Oui, Dame, contre tout homme.
— Sachez-le donc, d'accord nous sommes.

CHRÉTIEN DE TROYES,
Yvain ou le Chevalier au lion,
vers 1952 à 2036,
d'après l'édition Mario Roques
(C.F.M.A., Champion, 1963).

— Comment le romancier prépare-t-il l'entrevue ? Pourquoi insiste-t-il sur la peur qu'éprouve Yvain ?

— Comment Laudine s'assure-t-elle de son pouvoir sur Yvain ?

— Montrez qu'avant même qu'il se justifie du meurtre d'Esclados le Roux, elle est prête à pardonner.

— Pourquoi les questions se multiplient-elles à la fin ?

LANCELOT OU LE CHEVALIER DE LA CHARRETTE

Le Chevalier de la charrette a été composé sur la demande de la comtesse Marie de Champagne, et c'est sans doute ce qui explique cette palinodie :

> Puisque ma Dame de Champagne
> Veut que je fasse un roman,
> L'entreprendrai bien volontiers
> Puisque je suis sien tout entier.

C'est elle qui a fourni l'idée maîtresse :

> « Matière et sens en donne et livre
> La comtesse, et lui (Chrétien) s'entremet
> De mettre en forme et rien n'y met
> Fors sa peine et son attention. »

Chrétien de Troyes a interrompu la rédaction de son *Yvain* pour passer à *Lancelot* qu'il ne terminera pas, mais il laissera à Godefroi de Lagny le soin de conclure, peut-être dégoûté d'écrire une œuvre si contraire à tout ce qu'il croit.

Le roi Arthur tient sa cour. Survient un chevalier qui retient en captivité bien des sujets du roi. Ils ne seront libérés que si un chevalier du roi triomphe de lui. Si son défi est relevé, il emmènera la reine Guenièvre en otage. Le sénéchal Keu, prétentieux et vantard, force le roi à

accepter. La reine est emmenée, et bientôt après on voit
revenir le cheval de Keu, tout sanglant et sans cavalier.
Alors Gauvain se met en quête pour aller délivrer la reine,
et un chevalier inconnu en fait autant. Ce dernier, privé
de cheval, rencontre une charrette conduite par un nain.

Les charrettes servaient alors
Comme les piloris aujourd'hui,
Et en chaque bonne ville
Où il y en a plus de trois mille,
En ce temps on n'en voyait qu'une.
Elle était à ceux-ci commune,
De même que les piloris le sont,
Aux meurtriers et aux larrons,
A qui était vaincu en champ clos,
Aux voleurs qui ont obtenu
Le bien d'autrui par larcin
Ou par la force en chemin.
Qui sur le fait était pris
Était sur la charrette mis
Et mené par toutes les rues ;
Il avait tous ses honneurs perdu.
Jamais plus il n'était dans les cours écouté,
Ni honoré ni fêté.
Puisqu'en ce temps furent telles
Les charrettes, et si cruelles,
On commença à dire : « Quand tu verras
Charrette et la rencontreras,
Fais croix sur toi, et te souvienne
De Dieu, que mal ne t'en advienne ».
Le chevalier, à pied, sans lance,
Près de la charrette s'avance
Et voit un nain sur les limons,
Qui tenait comme les charretiers,
Une longue verge en sa main
Et le chevalier dit au nain :
« Nain, fait-il, pour Dieu, dis-moi
Si tu as vu par ici
Passer ma Dame la reine ».

Le nain, vile et sale engeance,
Ne lui en veut nouvelles conter
Mais lui dit : « Si tu veux monter
Sur la charrette que je mène,
Savoir pourras avant demain
Ce que la reine est devenue ».
Aussitôt il a suivi sa route
Sans l'attendre d'un pas ni d'une heure.
Seulement deux pas demeure
Le chevalier avant qu'il ne monte.
Pour son malheur le fit, pour son malheur eut honte
Et tout de suite ne monta dessus;
Pour cela sera en mauvaise posture;
Mais Raison qui d'Amour se sépare,
Lui dit que de monter se garde,
Lui fait remontrances et enseigne
A rien ne faire ni entreprendre
Dont il ait honte ni reproche.
N'est pas au cœur ni en la bouche
Raison, qui ces paroles ose,
Mais Amour est dans le cœur enclose
Qui lui commande et qui le somme
De tôt monter sur la charrette.
Amour le veut et il y saute,
Car de la honte ne lui chaut
Puisqu'Amour le commande et veut.

Lancelot ou le Chevalier de la charrette, vers 321-379,
d'après l'édition Mario Roques (C.F.M.A., Champion).

Nous sommes en présence de l'épisode décisif, qui a
déterminé le titre du roman. Le parfait amant doit être
capable de sacrifier même l'honneur chevaleresque à son
amour, tel est le sens de l'œuvre. Or Lancelot sacrifie
bien son honneur, mais seulement après avoir marqué
un temps d'hésitation, et ce retard est un crime devant
l'amour.

La scène est enveloppée de mystère. D'où vient, où va
cette charrette? Comment le nain sait-il où est passée

la reine? Le nain lui-même est un représentant des puissances du mal. Disgracié par la nature, il joue en même temps un rôle de traître, comme souvent dans la littérature du XIIe siècle : « Le nain, vile et sale engeance » (*Tristan*). Lancelot lui aussi est enveloppé de mystère. Nous n'apprendrons le nom de cet inconnu que longtemps après, et nous ne saurons jamais quand et comment est né son amour. Tous les détails matériels sont estompés pour mettre en lumière le conflit dramatique qui se joue dans l'âme du chevalier. Tous les détails, sauf un, la charrette. L'auteur fait une digression historique pour expliquer la signification symbolique de cet objet. L'horreur dont il est entouré dans l'esprit populaire explique la grandeur du sacrifice.

Le conflit psychologique est déjà, bien avant *Le Roman de la rose*, exprimé en termes allégoriques. Raison et Amour se disputent le chevalier. L'amour n'est donc pas une force rationnelle. Raison fait des discours qui ne peuvent que retarder la décision, car c'est Amour qui occupe les points décisifs : le cœur et la bouche. Il n'est pas abusif de commenter cette lutte en termes militaires. Amour est un maître despotique « qui lui commande et qui le somme ». Malgré la courte hésitation, l'obéissance du chevalier est presque automatique : « Amour le veut et il y saute ». Les deux derniers vers expriment clairement la morale de la fin'amors, qui ne connaît d'autre devoir que l'amour.

Le romancier annonce dramatiquement le malheur qui frappera Lancelot pour avoir hésité devant la charrette, sans préciser, bien sûr, la nature de ce malheur. Ce sera le pire de tous : le mépris de sa Dame.

Il y a en fait deux déshonneurs : devant la foule Lancelot sera déshonoré pour être monté sur la charrette, et on le lui fera bien savoir, mais il restera indifférent. Devant l'amour il sera déshonoré pour avoir hésité à monter, et cela le mènera presque à la mort. Il lui faudra accomplir de grands exploits pour mériter son pardon. Aucun texte ne montre de façon plus frappante le conflit entre deux éthiques : l'éthique traditionnelle de la chevalerie, et celle de la fin' amors, qui subordonne toutes les valeurs à l'amour, c'est-à-dire à la femme aimée.

Gauvain, qui n'est pas amoureux, refuse de monter. La charrette parvient à un château, sous les huées de la foule. Le chevalier subit impassible les épreuves les plus étranges. Le lendemain, de la fenêtre du donjon, il aperçoit la reine dans un cortège.

> De la regarder jamais ne cesse,
> Très attentif, et moult lui plut,
> Aussi longtemps qu'il put.
> Et quand il ne put la voir,
> Alors se voulut laisser choir
> Et basculer en bas son corps;
> Et déjà était à moitié dehors
> Quand messire Gauvain le vit
> Et le tire en arrière...
>
> *Ibid.*, 562-570, Ed. Champion.

Une demoiselle, rencontrée en chemin, confirme que c'est bien Guenièvre qui est passée, emmenée par un chevalier géant, Méléagant, fils du roi de Gorre, Bademagus. Elle indique la route pour atteindre ce pays dont nul ne revient. Il faut franchir le pont de l'épée, tranchant comme une lame. Et sans hésiter l'inconnu marche vers ce pont. Livré tout entier à l'amour, comme un somnambule, il perd conscience du monde extérieur et de lui-même.

> Le chevalier de la charrette pense
> Comme un homme qui force ni défense
> N'a, à l'égard d'Amour, pour le gouverner;
> Et sa pensée est de telle sorte
> Que lui-même il en oublie,
> Ne sait s'il est ou s'il n'est mie,
> Ne lui souvient de son nom,
> Ne sait s'il est armé ou non,
> Ne sait où va, ne sait d'où vient,
> De mille choses ne lui souvient,
> Fors d'une seule, et pour cela
> A mis le reste en oubli.
> A celle-là seule il pense tant
> Qu'il n'ouït, ne voit ni rien n'entend.
>
> *Ibid.*, 710-724, Ed. Champion.

Une demoiselle hospitalière l'héberge en son château et il subit sans faiblir l'épreuve de la chasteté. Poursuivant sa route il trouve un peigne appartenant à la reine, avec une poignée de cheveux.

> ... il n'a tant de force
> Qu'il ne lui faille fléchir;
> Il est contraint de s'appuyer
> Devant à l'arçon de sa selle.
> Et à cette vue la demoiselle
> S'en émerveille et ébahit,
> Car elle crut qu'il tombait.
> Si elle eut peur ne l'en blâmez,
> Car elle crut qu'il était pâmé,
> Et c'était vrai, autant valait,
> De bien peu il s'en fallait;
> Il avait au cœur telle douleur
> Que la parole et la couleur
> Il avait un long moment perdu.

Ibid., 1424-37, Ed. Champion.

Ces cheveux sont plus précieux pour lui que des reliques.

Jamais yeux d'homme ne verront
Nulle chose tant honorer,
Car il commence à les adorer,
Et bien cent et mille fois les touche
Et des yeux et de la bouche
Et de son front et de sa face;
Il n'est nulle joie qu'il n'en fasse.
Moult s'en fait joyeux, moult s'en fait riche;
En son sein, près du cœur il les fixe
Entre sa chemise et sa chair.
Il ne prendrait pas en échange une pleine charge
D'émeraudes ni d'escarboucles.
Il ne croyait mie qu'ulcères
Ni autres maux jamais le prennent;
Remèdes à base de perles il dédaigne,
Élixirs contre la pleurésie, thériaques,
Et même saint Martin et saint Jacques.

Mais en ces cheveux tant se fie
Qu'il n'a besoin de leur aide.
Mais quels étaient ces cheveux?
Pour menteur et pour fou
Me tiendra-t-on si j'en dis vrai.
Quand la foire du Lendit sera pleine
Et qu'il y aura le plus d'avoir
Il ne voudrait rien en avoir,
Le chevalier, c'est bien prouvé,
S'il n'avait ces cheveux trouvé.
Et si le vrai me demandez,
L'or cent et mille fois purifié
Et autant de fois recuit,
Serait plus obscur que la nuit
Auprès du plus beau jour d'été,
Si l'on voyait l'or et les cheveux
En les mettant côte à côte.

Ibid., 1460-1494, Ed. Champion.

Lancelot va au pont de l'Épée, par le chemin non le plus sûr, mais le plus court. Entre temps il combat pour la délivrance de tous les prisonniers enfermés dans le royaume de Gorre, mais se dérobe à leur reconnaissance. Il traverse, pieds et mains nus, le terrible pont. Mais ce martyre, grâce à l'amour, est pour lui un délice. D'un donjon Bademagus et Méléagant ont vu cet exploit. Malgré les conseils du père, le fils provoque l'inconnu. Le combat a lieu en présence de toute la cour, et de la reine Guenièvre. Le Chevalier de la charrette, durement éprouvé par le pont, sent ses forces l'abandonner. Mais une pucelle parmi les prisonnières s'avise qu'il est venu combattre pour la reine et que, s'il la savait présente, il retrouverait ses forces. Pour le prévenir il faut qu'elle sache son nom. Elle le demande à Guenièvre. « Demoiselle, fait la reine,

Lancelot du Lac a pour nom
Le chevalier, à mon escient. »

La pucelle crie alors à Lancelot de se retourner pour voir qui le regarde. Lancelot apercevant Guenièvre derrière lui ne peut détourner son visage et se défend désormais par derrière. Méléagant va l'emporter. Mais la pucelle intervient à nouveau et suggère à Lancelot de manœuvrer pour placer Méléagant entre lui-même et la tour d'où la reine le regarde. Ainsi il peut voir sa Dame tout en combattant. Sa vigueur renaît; Méléagant vaincu serait tué si son père n'obtenait de Guenièvre qu'elle fasse épargner son fils.

> Cette parole ne fut mie
> Dite à voix basse, mais l'ont ouïe
> Lancelot et Méléagant.
> Moult est qui aime obéissant,
> Et moult fait tôt et volontiers
> Là où il est ami entier,
> Ce qui à son amie doit plaire

Ibid., 3795-3801, Ed. Champion.

Lancelot cesse de frapper son adversaire. Et le traître Méléagant en profiterait si le roi ne le faisait saisir. Finalement Méléagant consent à libérer la reine à condition qu'au bout d'un an Lancelot se batte de nouveau avec lui, devant la cour d'Arthur.

Pour récompense Lancelot demande à être conduit devant la reine.

Quand la reine voit le roi,
Qui tient Lancelot par le doigt,
Elle s'est devant le roi dressée
Et montre un air courroucé,
Elle baisse la tête et ne dit mot.
« Dame, voici Lancelot,
Fait le roi, qui vous vient voir,
Cela vous doit moult plaire et convenir.
— A moi? Sire, à moi il ne peut plaire;
De le voir je n'ai que faire.
— Quoi! Madame, dit le roi
Qui était généreux et courtois,
Où avez-vous cette humeur pris?
Certes vous avez trop de mépris
Pour homme qui tant vous a servie,
Qu'en ce voyage il a souvent sa vie

Pour vous mis en mortel péril,
Et de Méléagant mon fils
Vous a délivrée et défendue,
Qui de bien mauvais gré vous a rendue.
— Vrai, sire, son temps il a mal employé;
Jamais par moi ne sera nié
Que je ne lui en sais pas gré ». (1)
Voici Lancelot accablé;
Il lui répond très bellement,
A la façon d'un fin amant :
« Dame, certes, cela me met en grand émoi,
Mais je n'ose demander pourquoi ».
Lancelot longtemps se serait lamenté,
Si la reine l'avait écouté;
Mais pour le chagriner et confondre,
Elle ne lui veut un seul mot répondre,
Mais est en une chambre entrée.
Et Lancelot jusqu'à l'entrée
Des yeux et du cœur l'accompagne;
Mais pour les yeux fut courte la route,
Car trop était la chambre près,
Et ils fussent entrés après
Très volontiers si cela avait pu être.
Le cœur, qui est plus seigneur et maître
Et qui a plus de pouvoir,
A passé outre après elle,
Et les yeux sont restés dehors,
Pleins de larmes, avec le corps.

Ibid., 3937-3980, Ed. Champion.

Après le départ de Lancelot le bruit court qu'il a été tué; la reine au désespoir s'accuse d'être par sa cruauté la cause de cette mort.

Hélas! j'aurais été sauvée
Et j'aurais senti grand réconfort

---

1. L'attitude de Guenièvre paraît si outrée qu'on a voulu y voir une plaisanterie, ou une dissimulation diplomatique (Mario Roques, in *Cahiers de civilisation médiévale* I, 1958). C'est affadir le roman.

CL. GIRAU

Chevalier et sa dame
D'après une miniature allemande du XIVᵉ siècle

> Si une fois avant sa mort
> Je l'eusse entre mes bras tenu.
> Comment? Certes, tout nue à nu,
> Pour que j'en fusse plus aise.

Elle reste sans boire ni manger, si bien que se répand la nouvelle de sa mort, et Lancelot tente de se tuer. Il s'accuse de ne l'avoir pas tenté plus tôt, puisque sa dame le hait. Mais pourquoi le hait-elle? Est-ce pour être monté sur la charrette?

> Jamais Amour bien ne connut
> Celle qui me fit ce reproche,
> Car aucune bouche ne pourrait dire
> Rien qui arrivât par Amour
> Et qui pût encourir un blâme;
> Mais est amour et courtoisie
> Tout ce qu'on peut faire pour son amie. (1)

Nouvelle rencontre avec la reine, qui a appris cette tentative de suicide. Cette fois elle lui fait bon visage, et il se risque à lui demander pourquoi elle lui a fait mauvais accueil. C'est qu'en montant sur la charrette, il a hésité un bref instant. Avoir tardé à se déshonorer pour elle est un crime devant l'amour.

> Une autre fois puisse Dieu me garder,
> Fait Lancelot, de tel méfait,
> Que jamais Dieu n'ait de moi merci
> Si vous n'avez pas bien agi.

Elle lui pardonne et le soir même il recevra son guerredon. Elle lui donne rendez-vous à la fenêtre de sa chambre. Là, avec sa permission, il descelle les barreaux et la rejoint.

> Maintenant Lancelot a tout ce qu'il veut
> Puisque la reine de bon gré a recherché
> Sa compagnie et ses consolations,

---

1. Ces vers expriment très clairement la morale de la fin'amors.

Puisqu'il la tient entre ses bras
Et elle, lui, entre les siens.
Tant lui est le plaisir doux et bon
Et des baisers et de la joie des sens,
Qu'il leur advint sans mentir
Une joie merveilleuse
Telle que jamais encore sa pareille
Ne fut ouïe ni connue;
Mais toujours sera par moi tue,
Car en conte ne doit être dite.
Des joies fut la plus exquise
Et la plus délectable celle
Que le conte nous tait et cèle.
Moult eut de joie et déduit
Lancelot, toute cette nuit.
Mais le jour vient qui moult le chagrine,
Puisque d'auprès de sa mie se lève.
Au lever fut un vrai martyr,
Tant fut pénible la séparation,
Car il souffre un grand martyre.
Son cœur sans cesse de ce côté tire
Où la reine demeure.
N'y a pouvoir qui l'en détourne,
Car la reine tant lui plaît
Qu'il ne consent à la laisser;
Le corps s'en va, le cœur séjourne.

. . . .

En s'en allant s'est agenouillé
Vers la chambre et fait tout comme si
Se trouvait devant un autel.

Ibid., 4669 à 4718, Ed. Champion.

Lancelot s'en va à la recherche de Gauvain. Par une nouvelle traîtrise, Méléagant le fait enfermer dans un manoir. Un tournoi solennel est organisé à la cour d'Arthur. Lancelot obtient de la femme de son geôlier la permission de sortir pour s'y rendre, sous promesse de revenir de lui-même. Sans se faire connaître il fait merveille dans le tournoi. Seule la reine soupçonne qui il est. Pour s'en assurer, elle envoie une demoiselle lui demander de sa part de faire « au plus mal ». Aussitôt, sans hésiter, il se ridiculise jusqu'à la nuit par sa maladresse et sa couardise. Le lendemain, nouvel ordre de faire au plus mal. « Puisqu'elle le commande, répond-il, qu'elle en soit remerciée ». Mais cette épreuve ne dure pas. La reine lui fait enjoindre de faire « au mieux ». « Vous lui direz, répond-il, qu'il n'est chose qui me soit pénible à faire dès qu'elle lui convient, car tout ce qui lui plaît est à mon gré ». Et il éblouit par ses prouesses. Puis il disparaît sans se faire reconnaître et regagne son manoir. Méléagant prévenu de cette aventure le fait enfermer dans une tour solitaire. C'est là que Chrétien passe la plume à un certain Godefroi de Lagny, qui termine le récit.

Le Chevalier de la charrette est peut-être la plus parfaite expression de l'amour courtois. Le culte de la dame y va jusqu'à l'idolâtrie et s'étend aux objets qu'elle possède. L'amant est totalement aliéné; il n'a plus de volonté à lui. Les plus absurdes désirs de la dame sont des ordres qu'il ne songe même pas à discuter. Pour elle il se déshonore avec joie, et jamais les troubadours eux-mêmes n'étaient allés si loin. Mais le lien qui unit les amants n'a rien de platonique. La nuit que Guenièvre accorde à Lancelot n'est pas unique, car lorsqu'elle le voit arriver lors de la scène finale, quand, délivré par la propre sœur de Méléagant, il vient relever le défi que le traître, comptant bien sur son absence, lui a porté, elle cache à grand'peine sa joie, attendant de le retrouver tête à tête :

Où est donc son cœur? Il donnait baisers
Et caresses à Lancelot.
Et le corps, pourquoi se retenait-il?
N'était pas la joie parfaite?
Y a-t-il colère ou haine?
Non certes, pas la moindre
Mais le roi, les autres qui sont là,
Qui ont les yeux bien ouverts,
Apercevraient toute l'affaire
Si ainsi, devant tous, elle voulait faire
Comme son cœur le voulait;
Et si raison ne lui ôtait

Cette folle pensée et cette rage,
Alors ils verraient tout son cœur;
Et ce serait trop grande folie.
Aussi raison enferme et lie
Son cœur fou, et sa folle pensée;
Elle a retrouvé le bon sens
Et a mis la chose en répit
Jusqu'à ce qu'elle découvre et voie
Un bon lieu plus secret
Où ils soient mieux à l'abri
Qu'ils ne sont à cette heure.

Ibid., 6830-6853, Ed. Champion.

Amour adultère, s'il en fut! Aussi opposé que possible à ce que Chrétien avait jusque là célébré. Pourtant il a modifié la fin' amors dans le sens de l'idéal chevaleresque du Nord. C'est à force de prouesses que Lancelot mérite l'amour de sa dame; et ses prouesses ne sont pas au service exclusif de Guenièvre, mais à celui de la justice. Il délivre les captifs du royaume de Gorre, et châtie les traîtres et les méchants (1).

LE ROMAN DE LA ROSE

Le poète Guillaume de Lorris conte l'idéale aventure amoureuse qu'il a vécue en songe, à l'âge de vingt ans. Le poème s'ouvre sur une description du mois de mai, gracieuse, mais devenue traditionnelle dans la poésie amoureuse. Le héros parvient devant une haute muraille où sont peintes les images allégoriques de vices : Haine, etc., ou d'entités hostiles à l'amour : Vieillesse et Pauvreté. Cette muraille cache un paradis : le verger de Déduit (Plaisir d'amour) où le héros entend de merveilleux chants d'oiseaux. Il trouve dans la muraille un guichet, il frappe et est accueilli par une ravissante pucelle : Dame Oiseuse, compagne de Déduit, qui passe tout son temps à se parer.

---

1. Voir Payen, O.C. II, 32-34.

(L'amour fine ne peut être le fait que des oisifs). Le héros entre, aperçoit Déduit et ses amis : Dame Liesse, Courtoisie, Jeunesse, Beauté, etc. Courtoisie l'invite à entrer dans la danse. Voici qu'apparaît le dieu d'Amour, paré de fleurs. A côté de lui, Doux Regard porte deux arcs, à la main droite un arc du plus bel aspect, avec cinq flèches à pointe d'or : Beauté, Simplesse, Courtoisie, Compagnie, Beau Semblant; à la main gauche, un autre arc, hideux, lui aussi avec cinq flèches : Orgueil, Vilenie, Honte, Désespoir, Nouveau-Penser (amour inconstant). En se promenant, suivi du dieu d'Amour, dans le verger merveilleux, le poète parvient à la fontaine d'Amour, où périt Narcisse. Il voit dans le miroir de la fontaine la rose dont il s'éprend. Il n'ose la cueillir et c'est alors que le dieu d'Amour le perce des cinq flèches qui sont à sa main droite. Il devient l'amant qui, torturé par les flèches d'Amour, tente d'atteindre la rose, défendue par toutes sortes de plantes épineuses. Il se soumet au dieu d'Amour et lui rend hommage. Le dieu lui permet de le baiser sur la bouche.

> « Je n'y laisse mie toucher
> Aucun vilain, aucun porcher
> Mais doit être courtois et noble
> Celui qu'ainsi je prends pour homme.
> Sans faute y a et peine et faix
> A me servir, mais je te fais
> Honneur moult grand et tu dois être
> Moult gai d'avoir un si bon maître
> Et Seigneur de si grand renom
> Car Amour porte gonfanon
> De Courtoisie et sa bannière;
> Il est de si bonne manière,
> Si doux, si noble et si gentil
> Que quiconque est attentif
> A le servir et honorer,
> En lui ne peut demeurer
> Vilenie ni basse passion
> Ni aucun mauvais instinct. »

Le Roman de la rose, 2011-2028.
Édition Pierre Marteau, Paris, 1878.

Pour prendre possession du cœur de l'amant, le dieu d'Amour le ferme à clé. Puis il lui enseigne ses commandements :

« Vilenie premièrement,
Ce dit Amour, je veux et commande
Que tu l'abandonnes sans retour,
Si tu ne veux envers moi mal agir;
Je maudis et excommunie
Tous ceux qui aiment Vilenie.
Vilenie est le fait du vilain,
Pour cela n'est pas bon que je l'aime;
Vilain est traître et sans pitié,
Incapable de service et d'amitié.
Puis garde-toi de divulguer
Les choses qu'il est bon de taire :
La médisance n'est pas prouesse. »

Ibid., 2159-71.

Il faut être poli, se garder de la grossièreté, honorer les femmes, ne pas céder à l'orgueil, être coquet, élégant, propre, gai, être bon cavalier, cultiver les arts d'agrément, ne pas se montrer avare. Et Amour résume ainsi ce qu'il vient de dire :

« Qui d'Amour veut faire son maître,
Courtois et sans orgueil doit être,
Qu'il se tienne élégant et enjoué,
Pour sa largesse soit prisé.
Puis je te donne en pénitence
Que nuit et jour sans repentance
A bien aimer soit ton penser,
Penses-y à l'instant sans cesser
Et souviens-toi de la douce heure
Dont le plaisir tant te demeure,
Et pour que tu sois fin amant,
Je te donne pour commandement
Qu'en un seul lieu ton cœur soit mis
Et qu'il n'y soit pas à demi,
Mais tout entier sans tricherie,
Car je n'aime pas le partage.

Qui en maints lieux son cœur adresse
Partout petite part en laisse;
Celui-là seul a mon aveu
Qui met son cœur en un seul lieu. »

Ibid., 2315-36.

| Il faut se préparer à d'innombrables tourments.

« S'il advient que tu aperçoives
Ta mie en lieu que tu la doives
Saluer et entretenir,
Te faudra de couleur changer;
Tu frémiras de tout ton sang,
Tu perdras et parole et sens
Quand tu croiras commencer;
Et si tu peux tant t'avancer
Que ton discours commencer oses,
Quand tu devras dire trois choses,
Tu n'en diras pas même deux,
Tant seras près d'elle honteux.
Il n'est pas d'homme si sensé
Qu'alors il ne soit égaré
S'il n'est un amant trompeur;
Ils ont de la verve les menteurs;
Ils parlent sans avoir peur,
Car ils sont trop bons flatteurs;
Ils disent noir et pensent blanc
Les traîtres félons méchants.
Quand ton discours auras fini
Sans dire mot de vilenie,
Tu te croiras bien méprisé
Quand tu auras chose oublié
Qu'il était séant de dire :
Lors reprendra ton martyre :
C'est la bataille, c'est le tourment
Qui toujours dure au bon amant.
Amant n'a jamais ce qu'il quiert,
Toujours souffre, en vain paix il espère;
Jamais ne prendra fin cette guerre,
Jamais il ne trouvera la paix.

Et puis quand il sera nuit close,
Lors ce sera bien autre chose.
Tu te coucheras en ton lit
Où tu auras peu de répit;
Car quand tu croiras dormir,
Tu commenceras à frémir,
A tressaillir, te démener,
Sur un côté te retourner,
Une heure pile, une autre face,
Comme un homme que dent tracasse. »

Ibid., 2485-2526.

Dès l'aube l'amant attendra à la porte de son amie.

« Tous ces allers et ces venues
Toutes ces veilles, tous ces discours
Rendent les amants sous leurs vêtements
Toujours plus maigres et décharnés :
Toi-même en verras la preuve,
Car il te faut en faire l'épreuve.
Et sache bien qu'Amour ne laisse
Sur fins amants couleur ni graisse.
A ce peut-on bien les connaître
Ceux qui pour leur dame sont traîtres,
Ils disent pour se complimenter
Qu'ils ont perdu boire et manger;
Et je les vois, ces trompeurs,
Plus gras que moines ou prieurs. »

Ibid., 2637-50.

Devant de si noires perspectives, l'amant se désole :
« Les amants peuvent-ils donc, sire, endurer les maux
que vous m'avez contés? » Le dieu d'Amour réplique :

« Par l'âme de mon père, bel ami,
Nul n'a de bien s'il n'y met le prix;
Et jouissance est mieux goûtée
Quand on l'a plus cher achetée;

Ils sont reçus de meilleur gré
Les biens qui du malheur sont nés.
Il est vrai que nul mal n'atteint
Celui qui les amants tient.
Comme on ne peut épuiser la mer,
On ne pourrait le mal d'aimer
Conter en roman ni en livre.
Toutefois il convient de vivre
Aux amants, qui ne veulent s'en passer :
Chacun fuit la mort volontiers.
Le captif, en cellule obscure,
Et en vermine et en ordure,
Qui n'a que pain d'orge ou d'avoine,
Ne meurt pas de sa peine;
Il se réconforte par l'espoir,
Car libre il croit se voir
A nouveau par quelque chance;
Il a la même espérance
Celui qu'Amour tient en prison,
Il espère sa guérison.
Cet espoir le réconforte,
Et cœur et désir lui apporte
De son corps au martyre offrir;
Espérance lui fait souffrir
Tant de maux qu'on n'en sait le compte
Pour la joie qui cent fois plus monte.
Espérance par la souffrance l'emporte (1)
Et fait vivre les amants.
Bénie soit Espérance
Qui les amants ainsi avance,
Espérance est moult courtoise.

Roman de la rose 2691-2725.

---

1. La souffrance, pour l'amant qui espère, est une raison de croire à une récompense future.

AINSI COMME LA LICORNE SUIS

Ainsi comme la licorne suis
Qui s'ébahit en regardant,
Quand la pucelle va admirant.
Tant est joyeuse de son ennui
Que pâmée choit en son giron;
Lors l'occit-on en trahison.
Et moi, m'ont tué, ainsi semblant,
Amour et ma Dame, vraiment;
Ils ont mon cœur, je ne le puis ravoir.

Dame, quand devant vous je fus
Que je vous vis premièrement,
Mon cœur allait si tressaillant
Qu'il vous resta quand je m'en fus.
Lors fut mené sans rançon
En la douce geôle en prison
Dont les piliers sont de désir,
Dont les huis sont beaux à voir
Et les anneaux de bon espoir.

De la geôle a la clé Amour
Il y a mis trois portiers :
Beau Semblant a nom le premier,
Amour, de Beauté fait leur seigneur;
A mis Danger à l'huis devant,
Affreux, félon, vilain, puant,
Qui est méchant et scélérat.
Ces trois sont lestes et hardis;
Bientôt ont un homme saisi.

Qui pourrait souffrir les horreurs
Et les assauts de ces huissiers?
Oncques Roland ni Olivier
Ne vainquirent en si grands combats;
Ils vainquirent en combattant,
Mais ceux-ci on les vainc en s'humiliant.
Souffrir est le gonfalonier, (1)

_____

1. Porte-étendard.

En ce combat que je vous dis
N'est nul secours que se rendre à merci.

Dame, je ne redoute rien plus
Que de faillir à vous aimer.
Tant j'ai appris à endurer
Que je suis tout vôtre par habitude;
Même s'il vous en pesait bien,
Je n'y puis renoncer pour rien
Sans souvenir en garder
Sans que mon cœur toujours soit
En la prison et près de moi.

Dame, puisque je ne sais tromper,
Pitié, de saison plutôt serait
Pour soutenir un si lourd faix.

THIBAUT DE CHAMPAGNE, chanson XXXIV,
d'après l'édition Wallensköld, Champion, 1925.

Comparez ce texte avec les extraits précédents du *Roman de la rose.*

VITA NUOVA

Dames, qui avez intelligence d'amour,
Je veux avec vous de ma Dame dire,
Non que je croie aller au bout de sa louange,
Mais discourir pour soulager mon âme.
Je dis que, pensant à sa valeur,
Amour si doucement à moi se fait sentir,
Que si alors je ne perdais l'audace,
Je ferais en parlant enamourer le monde.
Et je ne veux parler si haut langage

Que je prenne peur et devienne lâche; (1)
Mais traiterai de sa nature noble,
Bien légèrement vu ce qu'elle est,
Dames et damoiselles amoureuses, avec vous,
Car ce n'est chose pour en parler à d'autres.
  Un ange clame dans le divin intellect
Et dit : « Sire, dans le monde on voit
Une merveille en acte qui procède
D'une âme dont montent jusqu'ici les rayons ».
Le ciel, qui n'a d'autre défaut
Que de ne pas l'avoir, à son seigneur la demande,
Et chaque saint en demande la grâce.
Seule Pitié (2) défend notre parti,
Et Dieu parle, en pensant à ma Dame :
« Mes biens-aimés, souffrez encore en paix
Que votre espérance soit, pour autant qu'il me plaît,
Là où est quelqu'un qui s'attend à la perdre,
Et qui dira dans l'Enfer : — O mal nés,
J'ai vu l'espérance des bienheureux! »
  Ma Dame est désirée au plus haut ciel :
Maintenant je veux sa vertu faire connaître.
Je dis que toute dame qui veut paraître noble
Aille avec elle; car quand elle chemine,
Amour jette en cœurs vilains un gel,
Par quoi toutes leurs pensées se glacent et périssent,
Et qui supporterait de rester à la voir
Deviendrait noble chose, ou mourrait;
Et quand elle trouve quelqu'un qui soit digne
De la voir, celui-là éprouve sa vertu
Car ce qu'elle lui donne devient pour lui salut,
Et le rend si humble que toute offense il oublie :
En plus Dieu lui a par grâce majeure donné
Que ne peut mal finir qui lui a parlé.
  Dit d'elle Amour : « Chose mortelle
Comment être peut-elle si parée et si pure? »
Puis la regarde et en lui-même jure
Que Dieu entend faire d'elle chose nouvelle.
Couleur de perle elle a presque, en forme

---

1. Le poète ne veut pas élever trop haut son ambition poétique.
2. Pitié qui s'oppose à ce que la Dame meure trop tôt.

.N.

Dante : La Divine Comédie
Illustration de Gustave Doré

Qu'il convient à dame d'avoir, non sans mesure ;
Elle est tout ce que de bien peut faire Nature ;
A son exemple s'éprouve la beauté.
De ses yeux, où qu'elle les tourne,
Sortent esprits d'amour enflammés,
Qui frappent les yeux de qui alors la regarde,
Et pénètrent si bien que chacun le cœur trouve :
Vous lui voyez Amour peint au sourire,
Là où ne peut personne la regarder fixement.
   Chanson, je sais que tu iras parlant
A maintes dames quand je t'aurai laissée partir.
Or je te conseille, parce que je t'ai élevée
Pour fille d'Amour, jeune et simple,
Là où tu arrives de dire en priant :
« Enseignez-moi la route, car je suis envoyée
A celle dont les louanges m'ornent ».
Et si tu ne veux pas aller en vain,
Ne reste pas où sont gens vilains ;
Ingénie-toi, si tu peux, de paraître
Seulement avec dame ou homme courtois,
Qui te mèneront là par une voie rapide ;
Tu trouveras Amour près d'elle ;
Recommande-moi à lui comme tu dois.

DANTE, *Vita Nuova* XIX.

Analysez tous les détails qui prouvent que la Dame est devenue un être supra-terrestre.

● CHAPITRE III

LA RENAISSANCE

● INTRODUCTION

1. LE PÉTRARQUISME

Si Dante nous a laissé la plus grande œuvre poétique du Moyen Age, on peut dire de Pétrarque (1304-74), né moins d'un siècle après la mort de Dante, qu'il est le plus grand inspirateur de la poésie de la Renaissance. Cet humaniste a repris aux poètes gréco-latins tout un ensemble de thèmes et de moyens d'expression. Il puise aussi chez les troubadours et les poètes du *dolce stil nuovo*, et c'est surtout lui qui a transmis aux poètes du XVIe siècle une topique et une rhétorique de l'amour dont il n'est pas l'inventeur, mais dont les véritables initiateurs étaient pour une part oubliés. Laure est avec Béatrice la grande figure qui a travers les siècles inspirera l'idéalisme en amour. Mais elle est moins idéalisée. Le poète nous donne sur elle des détails plus précis. Nous savons qu'il la rencontra le 6 avril 1327, en l'église Sainte-Claire d'Avignon, qu'elle mourut de la peste le 6 avril 1348. Le *Canzoniere* la fait revivre physiquement, quoique chacun de ses traits soit transfiguré par la poésie. Elle est bien l'objet d'un amour sensuel puisque le poète rêve d'obtenir d'elle une nuit (XXII). Mais c'est exceptionnel et la sensualité disparaît tout à fait dans les nombreux poèmes qu'elle lui inspira après sa mort. A ce moment le souci chrétien l'emporte, et l'aspiration à Laure a tendance à se confondre avec l'aspiration à la vie éternelle. Pendant les quelque vingt ans qu'elle vécut après la première rencontre il ne put la voir bien souvent; la vie du poète était remplie de perpétuels voyages, et aussi d'autres amours, car il eut plusieurs enfants naturels. Mais sa poésie recevait son inspiration du sentiment qui l'unissait à Laure, être unique, car « le monde qui ne fut pas digne de l'avoir n'a eu vertu ni beauté égales » (CCCLIV), et c'est autour de la personne de Laure que le vaste recueil du *Canzoniere* trouve son unité. C'est elle qui fait éprouver les tourments délicieux de l'amour, sentiment profond et immuable, né soudainement, passion contradictoire qui est tout à la fois vie et mort, souffrance et jouissance (1). Les yeux de Laure donnent la mort. Elle inspire des images qui sont souvent, depuis l'antiquité et les troubadours, des lieux communs : l'amant est percé de flèches, enveloppé dans des rets, chargé de chaînes; le feu, les flammes brûlent son cœur. Le soleil, la rose, la neige, la glace jouent dans ces métaphores un rôle particulièrement important. La Dame est un soleil dont l'éclat efface l'autre. Ses yeux lancent des rayons qui brûlent (CLXXI). Ces hyperboles, ces images, usées par les siècles, deviendront un simple phénomène de vocabulaire qui retentira sur le style de *La nouvelle Héloïse*. La nature tient une large place dans la poésie de Pétrarque. Il retrouve Laure dans le miroir des eaux, dans la forme des nuages. Le cadre naturel garde le souvenir des rencontres amoureuses et le poète porte envie aux lieux fréquentés par la bien-aimée.

Après Pétrarque, il y a en Italie toute une lignée pétrarquiste qui se prolonge jusqu'au XVIe siècle. Parmi eux un seul grand poète : Bembo (fin du XVe, début du XVIe siècle). Les autres (les strambottistes) : Serafino, Pamphilo Sasso, Tebaldeo, etc. sont des poètes précieux qui expriment des sentiments conven-

---

1. Voir le sonnet CXXXIV qui a inspiré Louise Labé :
   « Je vis, je meurs, je me brûle et me noie »

tionnels avec beaucoup d'enflure et cultivent la pointe. L'idéalisation de la Dame n'exclut pas toujours la grivoiserie. D'innombrables *Canzonieri* sont publiés, relevant tous plus ou moins de la même structure : le poète conte d'abord comment il est devenu amoureux, il célèbre la beauté de sa Dame que lui révèle chacun de ses sens; il décrit méthodiquement chaque partie de son corps; il chante les vicissitudes de ses sentiments, évoque les diverses circonstances dans lesquelles la Dame apparaît ou disparaît : tristesse des nuits solitaires, douleur des séparations et joie des retours. A la fin, le sentiment s'épure, les vertus de la Dame prennent le pas sur ses charmes physiques, et la mort est accueillie comme la libératrice qui met fin à des tourments sans espoir. Cette structure est traditionnelle; ce sera encore, en gros, celle de la *Délie* de Scève.

2. LE PLATONISME

Le quattrocento a connu un mouvement très vif de retour au platonisme. L'œuvre maîtresse est le *Commentaire sur le Banquet de Platon* de Marsile Ficin, qui sera traduit en français en 1546, mais est connu en France bien avant. Ficin distingue comme Platon deux types d'amour, la Vénus céleste et la Vénus populaire. Cette dernière n'est pas condamnable, car elle est nécessaire à la conservation de la vie. Il oppose les sens nobles (la vue et l'ouïe) qui inspirent la première, aux sens matériels (goût, tact, odorat) qui sont liés à l'amour sensuel. L'amour de la beauté a une signification spirituelle, parce que la beauté, qui est faite d'harmonie et de justes proportions, résulte de rapports et est par nature immatérielle, tout autant que la bonté, qui est le produit de la tempérance et d'un certain équilibre entre les aspirations de l'âme. La beauté est un rayonnement de la divinité assimilée au soleil qui se répand, comme la lumière, dans les différents cercles de l'intelligence, de l'âme, de la nature et de la matière. Dieu a créé l'univers dans un élan d'amour et l'esprit est descendu dans la matière. Par l'amour humain l'esprit retourne vers sa source divine. C'est, au même titre que le délire prophétique, le délire poétique ou le délire religieux, un délire, une fureur (latin : *furor*) selon la doctrine du *Phèdre* de Platon. Marsile Ficin reprend aussi le mythe de l'androgyne, exposé par Aristophane dans *Le Banquet* (189d-193c) : certains êtres humains étaient primitivement androgynes.

Ayant provoqué la colère des dieux, ils ont été coupés en deux. Chaque moitié, par l'amour, cherche à retrouver son complément. Thème qui sera repris fréquemment dans la poésie, et jusque dans l'*Astrée*. L'amour véritable réalise la fusion de deux âmes en une seule, qui dispose de deux corps différents. Cela aussi fournira le thème de mille variations poétiques, jusque dans *La nouvelle Héloïse*.

Le platonisme de Ficin se retrouve au début du XVIe siècle chez Castiglione *(Le Courtisan)*, chez Bembo (les *Asolani*) et dans les *Dialogues d'amour* de Léon l'Hébreu. Il a fortement influencé la poésie française, notamment l'école lyonnaise et Du Bellay.

3. LA RÉACTION CONTRE L'ANTIFÉMINISME

La richesse de la littérature courtoise ne peut masquer l'existence d'un autre courant qui parcourt la littérature du Moyen Age, surtout les fabliaux : l'antiféminisme, qui résulte de l'oppression d'un sexe par l'autre et cherche sa justification dans la tradition religieuse. La courtoisie proclamait les droits de la femme à l'amour, mais hors mariage. Elle ne songeait pas à donner un contenu nouveau à cette institution. Dans l'œuvre d'Érasme au contraire (*Éloge du mariage* 1518, *Institution du mariage chrétien*, 1526) est proclamé le droit de la femme à l'amour dans un mariage fondé sur l'union des cœurs et qui serait l'expression de la parfaite amitié. Érasme s'élève contre les conventions qui attribuent aux deux sexes des droits inégaux dans l'amour et proteste contre l'égoïsme masculin. Ses thèses sont reprises dans l'*Heptaméron* de Marguerite de Navarre (1559) qui exige que la fidélité conjugale soit un devoir également partagé. L'amour conjugal pour Marguerite n'est qu'une étape vers l'amour de Dieu, et cette doctrine se retrouvera chez saint François de Sales et les humanistes dévots.

4. LA POÉSIE PÉTRARQUISTE EN FRANCE

Dans la première moitié du XVIe siècle toute une série de poètes imitent les successeurs précieux de Pétrarque en même temps qu'ils s'inspirent des platoniciens, et cette double influence est difficile à démêler. Citons Jean Lemaire de Belges, Clément Marot dans ses *Épigrammes* et ses *Élégies*, Mellin de Saint-Gelais, Antoine Héroët (*La Parfaite Amie*, 1542) et. surtout

Apollon et Daphné
Le Bernin - Musée Borghèse, Rome

les poètes lyonnais dont le plus grand est Maurice Scève (*Délie*, 1544).

Autour de 1550 se produit une très riche floraison d'œuvres qui s'inspirent surtout de Bembo et de Pétrarque lui-même. Ces imitations vont souvent jusqu'à la traduction. Le plus célèbre de ces recueils pétrarquistes est *L'Olive* de Du Bellay (1549 et 1550) qui comprend cent quinze sonnets, dont il n'est pas plus de quarante qui ne soient des imitations de Pétrarque, de l'Arioste et d'autres poètes italiens. Olive n'est vraisemblablement pas une femme réelle. Le poète feint la passion, et cet amour simulé aboutit à des pointes. *L'Olive* a été suivi en 1552 des *Treize sonnets de l'honnête Amour*. D'autres poètes de la Pléiade suivent la même inspiration. Ronsard publie en 1552 *Les Amours* où il s'inspire également de Pétrarque et de Bembo. Sa passion pour Cassandre Salviati qu'il a en fait fort peu connue semble être exclusivement littéraire, et le pétrarquisme de Ronsard n'efface pas sa sensualité. Dans ses œuvres de cette époque, les poésies qui peignent des amours fort terrestres, parfois même licencieuses, alternent avec l'expression de sentiments éthérés. Du même courant pétrarquiste relèvent *Les Amours* de Baïf (1552), *Les Amours* d'Olivier de Magny (1553).

Il s'agit d'une vogue, contre laquelle se produit une réaction. Du Bellay publie en 1553 son *Ode contre les pétrarquistes* qu'on peut considérer comme une révolte de l'esprit national contre le maniérisme italien. Mais le pétrarquisme correspondait sans doute à quelque chose de plus profond qu'une mode, puisque même Du Bellay, après son *Ode*, a encore écrit des poèmes pétrarquistes. On en trouve de même dans la *Continuation des amours* de Ronsard (1555) et dans la *Francine* de Baïf, de même date.

Les poètes de la Pléiade imitaient et traduisaient les grands maîtres, plutôt que leurs épigones. A la fin des années 1550, on constate un retour à la préciosité et les Tebaldeo et Pamphilo Sasso redeviennent les modèles : ainsi dans les *Soupirs* de Magny (1557) ou les *Bergeries* de Belleau (1565 et 72). Mais le poète le plus représentatif de ce courant est Desportes (*Amours d'Hippolyte*, 1573 et 83) qui ne fut qu'un adroit traducteur mais passa pour un grand poète et un chef d'école. Son influence se fait sentir même sur Ronsard (*Sonnets pour Hélène*, 1578) et sur un grand nombre de poètes de la fin du siècle : Amadis Jamyn, Passerat, Bertaut, Malherbe, etc.

HÉLAS! TENDS LA MAIN A L'ESPRIT ACCABLÉ

Hélas! Tends la main à l'esprit accablé,
Amour, et au style las et frêle,
Pour dire celle qui est faite immortelle,
Et citoyenne du céleste royaume.

Accorde-moi, Seigneur, que mon dire touche la cible
De ses louanges, là où par lui-même il ne monte,
S'il est vrai que vertu, ni beauté, ne furent égales
En ce monde, qui de l'avoir ne fut pas digne.

Amour répond : — Tout ce que le ciel et moi nous
[pouvons,
Les bons conseils et les paroles honnêtes,
Tout fut en elle, de qui la mort nous a privés;

Forme pareille ne fut jamais depuis le jour qu'Adam
Ouvrit d'abord les yeux; en voilà assez dit :
En pleurant je le dis, et toi en pleurant, écris.

PÉTRARQUE, Canzoniere CCCLIV.

J'AI VU MA NYMPHE OU PLUTOT MA DÉESSE

J'ai vu ma nymphe ou plutôt ma déesse s'en aller
par la neige, et elle me semble d'une telle blancheur
que j'aurais juré qu'elle était neige, si elle n'eût point
fait de mouvement.

La neige qui descendait à flocons, voyant que celle-ci
était plus blanche qu'elle, s'arrêta plusieurs fois dans
le ciel contre la volonté des dieux et ne voulait plus
descendre à terre.

Chacun s'arrêtait émerveillé, voyant qu'il neigeait
à flocons et que le soleil luisait, le soleil qu'elle faisait
avec ses cils.

Vaincre la neige et rendre lumineux l'air obscur
et noir, c'est un honneur pour elle : hélas! à me
vaincre quelle gloire attend-elle?

TEBALDEO, sonnet cité par J. Vianey,
in Le Pétrarquisme en France au XVIe siècle, p. 24.
Montpellier, Coulet, 1909.

SI GRAND BEAUTÉ...

> *Délie* est un recueil de plusieurs centaines de dizains de décasyllabes. Le titre est probablement l'anagramme de *L'Idée* et présente donc un sens platonicien. La Dame qui a inspiré le poète est sans doute Pernette du Guillet, poétesse lyonnaise. Scève a exercé une certaine influence sur les poètes de la Pléiade, surtout Pontus de Tyard. Puis son obscurité l'a fait tomber dans un complet oubli, et il a été redécouvert au xxᵉ siècle.

Si grand beauté, mais bien (1) si grand merveille,
Qui à Phébus offusque sa clarté,
Soit que je sois présent, ou écarté,
De sorte l'âme en sa lueur m'esveille, (2)
Qu'il m'est avis en dormant, que je veille,
Et qu'en son jour un espoir je prévoy,
Qui, de bien bref, sans deslay, ou renvoy,
M'esclaircira mes pensées funèbres.

Mais, quand sa face en son Mydy je voy,
A tous clarté, et à moy rend ténèbres (3).

Maurice SCÈVE, Délie, LI.

> L'heur de nostre heur enflambant le désir
> Unit double âme en un mesme povoir :
> L'une mourant vit du doulx desplaisir
> Qui l'autre vive a fait mort recevoir.
>
> Dieu aveuglé, tu nous a fait avoir,
> Sans aultrement ensemble consentir,
> Et posséder, sans nous en repentir,
> Le bien du mal en effect désirable :
> Fais que puissions aussi longtemps sentir
> Si doux mourir en vie respirable !

Ibid., CXXXVI.

---

1. Bien plus.
2. M'éveille l'âme en sa lueur de sorte que...
3. Elle donne lumière aux autres, ténèbres à moi.

Pour comprendre ce poème obscur, il faut se souvenir du mythe platonicien de l'androgyne, repris par Marsile Ficin qui l'a enrichi. Dans l'amour chacun des amants meurt à soi-même pour revivre en l'autre. L'amour est donc une double mort, suivie d'une double résurrection. Pernette du Guillet a écrit un huitain qui a recours presque aux mêmes termes. Voir *Poètes du XVIe siècle*, Pléiade, p. 232. Le poème de Pernette, moins dense, moins riche, mais plus clair, aide à saisir la pensée de Scève. Le mot « heur » (lat. : *augurium*) signifie le plus souvent « le bonheur ». Il peut désigner aussi toute espèce de fortune, bonne ou mauvaise. Il n'est pas impossible que Scève ait joué sur ce double sens et ait donné à ce mot, la seconde fois, un sens défavorable. Pernette écrit : « L'heur de mon mal, enflammant le désir ». Tout le poème développe l'idée que dans l'amour un bien sort d'un mal. Les vers 3 et 4 signifient que l'une (des deux âmes) vit (du verbe vivre) du doux déplaisir qui a fait recevoir la mort par l'autre qui était vivante. Le poète s'adresse à l'Amour, dieu aveugle : Tu nous as fait avoir, sans que nous ayons aimé physiquement (consentir signifie sentir ensemble), tu nous as fait posséder, sans que nous ayons à nous en repentir (parce que le péché de la chair n'a pas été commis) le bien qui est issu du mal, lequel est en réalité (en effet) désirable. Fais aussi que nous puissions sentir longtemps une mort si douce en une vie qui puisse être vécue long-temps.

On notera que Scève est un poète chrétien au moins autant que platonicien, puisqu'il considère l'amour physique comme un péché qui entraînerait nécessairement le repentir.

Le sentiment exprimé ici est celui de la parfaite amitié qui aboutit à la fusion des âmes. Sous une forme ardue il reprend un thème universel de la poésie amoureuse : le triomphe de l'amour sur le temps et la mort. Voir Weber : *La Création poétique au XVIe siècle*, tome I, p. 197.

D'AMOUR, DE GRACE ET DE HAUTE VALEUR

D'amour, de grâce et de haute valeur
Les feux divins étoient ceints, et les cieux
S'étoient vêtus d'un manteau précieux
A rais ardents, de diverse couleur.

Tout étoit plein de beauté, de bonheur,
La mer tranquille, et le vent gracieux,
Quand celle là naquit en ces bas lieux, (1)
Qui a pillé du monde tout l'honneur.

Ell' prit son teint des beaux lys blanchissants,
Son chef de l'or, ses deux lèvres des roses,
Et du soleil ses yeux resplendissants :

Le ciel usant de libéralité
Mit en l'esprit ses semences encloses,
Son nom des Dieux prit l'immortalité.

> DU BELLAY, *L'Olive*, sonnet II,
> traduit d'un sonnet de Francesco Sansovino.

CONTRE LES PÉTRARQUISTES

J'ai oublié l'art de pétrarquiser,
Je veux d'amour franchement deviser,
Sans vous flatter, et sans me déguiser :
Ceux qui font tant de plaintes,
N'ont pas le quart d'une vraie amitié,
Et n'ont pas tant de peine la moitié,
Comme leurs yeux, pour vous faire pitié,
Jettent de larmes feintes.

Ce n'est que feux de leurs froides chaleurs,
Ce n'est qu'horreur de leurs feintes douleurs,
Ce n'est encor de leurs soupirs et pleurs

---

1. Il y a ici vraisemblablement des souvenirs mythologiques : la naissance de Vénus. La Dame n'est rien de plus qu'un prétexte à écrire de beaux vers.

Que vents, pluie et orages :
Et bref, ce n'est à ouïr leurs chansons,
De leurs amours que flammes et glaçons,
Flèches, liens, et mille autres façons
De semblables outrages.

De vos beautés, ce n'est que tout fin or,
Perles, cristal, marbre, et ivoire encor,
Et tout l'honneur de l'indique (1) trésor,
Fleurs, lis, œillets et roses :
De vos douceurs ce n'est que sucre et miel,
De vos rigueurs n'est qu'aloès et fiel,
De vos esprits, c'est tout ce que le ciel
Tient de grâces encloses.

. . . .

Nos bons aïeux qui cet art démenaient,
Pour en parler, Pétrarque n'apprenaient,
Ains (2) franchement leur Dame entretenaient
Sans fard ou couverture :
Mais aussitôt qu'Amour s'est fait savant,
Lui, qui était Français auparavant,
Est devenu flatteur et décevant,
Et de thusque (3) nature.

Si vous trouvez quelque importunité
En mon amour, qui votre humanité
Préfère trop à la divinité
De vos grâces cachées,
Changez ce corps, objet de mon ennui :
Alors je crois que de moi ni d'autrui,
Quelque beauté que l'esprit ait en lui,
Vous ne serez cherchées.

. . . .

Je ris souvent, voyant pleurer ces fous,
Qui mille fois voudraient mourir pour vous,
Si vous croyez de leur parler si doux

---

1. Indien.
2. Mais.
3. Italienne.

Le parjure artifice :
Mais quant à moi, sans feindre ni pleurer,
Touchant ce point, je vous puis assurer,
Que je veux sain et dispos demeurer,

Pour vous faire service.
De vos beautés je dirai seulement,
Que si mon œil ne juge follement,
Votre beauté est jointe également
A votre bonne grâce :
De mon amour, que mon affection
Est arrivée à la perfection
De ce qu'on peut avoir de passion
Pour une belle face.

Si toutefois Pétrarque vous plaît mieux,
Je reprendrai mon chant mélodieux,
Et volerai jusqu'au séjour des Dieux
D'une aile mieux guidée :
Là dans le sein de leurs divinités
Je choisirai cent mille nouveautés,
Dont je peindrai vos plus grandes beautés
Sur la plus belle Idée. (1)

DU BELLAY, *Divers Jeux rustiques*.
Cité par Vianey, Op. Cit. p. 165-168.

CIEL, AIR ET VENTS...

Ciel, air et vents, plaines et monts découvers,
Tertres vineux et forests verdoyantes,
Rivages torts et sources ondoyantes,
Taillis rasez et vous bocages vers,

Antres moussus à demy-front ouvers,
Prez, boutons, fleurs et herbes rousoyantes,
Vallons bossus et plages blondoyantes,
Et vous rochers, les hostes de mes vers,
Puisqu'au partir, rongé de soin et d'ire, (2)

---

1. Allusion à des vers de Du Bellay lui-même, le sonnet CXIII de l'*Olive*.
2. De souci et de colère.

A ce bel œil Adieu je n'ay sceu dire,
Qui près et loin me détient en esmoy,

Je vous supply, Ciel, air, vents, monts et plaines,
Taillis, forests, rivages et fontaines,
Antres, prez, fleurs, dites-le luy pour moy.

> RONSARD, *Amours de Cassandre*, LXVI.
> Cité par Vianey, Op. Cit. p. 153.

— Comment le poète s'efforce-t-il d'inspirer le sentiment que la nature entière peut être l'interprète de son amour?
— Lisez les sonnets d'*Olive* et le *Premier Livre des amours*, et d'après ces textes dites comment les poètes de la Pléiade associent la nature et l'amour.

JE VEUX BRÛLER...

Je veux brûler pour m'envoler aux cieux,
Tout l'imparfait de mon écorce humaine,
M'éternisant comme le fils d'Alcmène, (1)
Qui tout en feu s'assit entre les Dieux.

Ja mon esprit désireux de son mieux, (2)
Dedans ma chair, rebelle, se promène,
Et jà le bois de sa victime amène
Pour s'immoler aux rayons de tes yeux.

O saint brasier, ô flamme entretenue
D'un feu divin, avienne que ton chaud (3)
Brûle si bien ma dépouille connue,

Que libre et nu je vole d'un plein saut
Outre le ciel, pour adorer là-haut
L'autre beauté dont la tienne est venue.

> *Ibid.*, CLXXII.

Expliquez le platonisme de ce poème.

---

1. Hercule, qui se fit brûler sur un bûcher sur le mont Oéta.
2. Son mieux-être.
3. La chaleur.

[UN AMANT DÉSINTÉRESSÉ]

La reine de Navarre est une platonicienne qui tire Platon dans le sens chrétien. Pour elle l'amour est un désir de vertu plus que de beauté, et la beauté de l'âme importe plus que celle du corps. C'est pourquoi Amadour dans le texte qui suit est si modéré dans ses désirs : la Dame doit conserver sa vertu pour que l'amour vive.

Un jeune seigneur espagnol, Amadour, est passionnément épris de Florinde, que sa naissance lui rend inaccessible. Pour se rapprocher d'elle, il est allé jusqu'à épouser une personne de son entourage, et il a conquis l'amitié de celui qui, pense-t-on, deviendra son mari. Voici sa première déclaration d'amour :

Entendez, ma dame que dès l'heure de votre grande jeunesse suis tellement dédié à votre service que ne cesse de chercher les moyens d'acquérir votre bonne grâce, et pour cette occasion m'étais marié à celle que pensais que vous aimiez le mieux; et, sachant l'amour que vous portez au fils de l'enfant fortuné (1), ai mis peine de le servir et hanter, comme vous avez vu; et tout ce que j'ai pensé vous plaire, je l'ai cherché de tout mon pouvoir. Vous voyez que j'ai acquis la grâce de la Comtesse votre mère, du Comte votre frère et de tous ceux que vous aimez, tellement que je suis tenu en cette maison non comme un serviteur, mais comme enfant, et tout le travail que j'ai pris il y a cinq ans n'a été que pour vivre toute ma vie avec vous. Et entendez que je ne suis point de ceux qui prétendent par ce moyen avoir de vous ne bien ne plaisir autre que vertueux. Je sais que je ne vous puis jamais épouser, et quand je le pourrais, je ne voudrais contre l'amour que vous portez à celui que je désire vous voir pour mari. Aussi de vous aimer d'un amour vicieux, comme ceux qui espèrent de leur long service récompense au déshonneur des dames,

_____

1. L'infant de la fortune, Henri d'Aragon, ainsi nommé parce qu'il naquit après la mort de son père.

je suis si loin de cette affection que j'aimerais mieux vous voir morte que de vous savoir moins digne d'être aimée, et que la vertu fût amoindrie en vous pour quelque plaisir qui m'en sût advenir. Je ne prétends, pour la fin et récompense de mon service, qu'une chose : c'est que me vouliez être maîtresse si loyale que jamais vous ne m'éloigniez de votre bonne grâce, que vous me conteniez au degré où je suis, vous fiant en moi plus qu'en nul autre, prenant cette sûreté de moi que si, pour votre honneur ou chose qui vous touchât, vous aviez besoin de la vie d'un gentilhomme, la mienne y sera de très bon cœur employée, et en pouvez faire état. Pareillement que toutes les choses honnêtes et vertueuses que jamais je ferai seront faites seulement pour l'amour de vous ; et, si j'ai fait pour dames moindres que vous chose dont l'on ait fait estime, soyez sûre que pour une telle maîtresse mes entreprises croîtront, de sorte que les choses que je trouvais difficiles et impossibles me seront faciles. Mais, si ne m'acceptez pour du tout vôtre, je délibère de laisser les armes et renoncer à la vertu qui ne m'aura secouru au besoin. Par quoi, ma dame, je vous supplie que ma juste requête me soit octroyée, puisque votre honneur et conscience ne me la peuvent refuser.

> Mais Amadour ne sera pas toujours aussi vertueux. Las d'un service sans espoir, il tentera de prendre de force Florinde, bien qu'elle soit mariée.

MARGUERITE DE NAVARRE,
L'Heptaméron, *Nouvelle dixième.*

L'EAU TOMBANT D'UN LIEU HAUT...

L'eau tombant d'un lieu haut goute à goute a puissance
Contre les marbres durs, cavez finalement (1) :

---

1. Enfin creusés.

Et le sang du Lion force le Diamant,
Bien qu'il face à l'enclume et au feu résistance.

La flamme retenue enfin par violance
Brise la pierre vive, et rompt l'empeschement :
Les Aquilons mutins soufflans horriblement
Tombent le Chesne vieux qui fait plus de défense.

Mais moy, maudit Amour, nuict et jour soupirant
Et de mes yeux meurtris tant de larmes tirant,
Tant de sang de ma playe, et de feux de mon âme,

Je ne puis amollir une dure beauté,
Qui las tout au contraire accroist sa cruauté
Par mes pleurs, par mon sang, mes soupirs et ma
[flame.

DESPORTES, *Les Amours d'Hippolyte*, LI.

RETOURNE-T'EN, LAQUAIS...

Retourne-t-en, laquais, retourne, Coridon :
Il n'est point de besoin qu'on me vienne conduire,
Je vais accompagné du feu de Cupidon,
Qui la nuit m'esclairant autre feu ne désire.
Le grand vent et la pluye à la torche peut nuire;
Mais moy je les deffie et ne crains leur effort,
Car la flamme qu'Amour dedans mon cœur fait luire
Ne se peut amortir que par la seule mort.

JEAN PASSERAT,
Les Poésies françaises de Jean Passerat,
Paris, Lemerre, 1880, t. II, p. 48.

JE VIS UN JOUR...

Le Printemps est un recueil lyrique qui a attendu le
XXe siècle pour être publié dans sa totalité. Il est inspiré
par Diane Salviati, nièce de la Cassandre de Ronsard,
que d'Aubigné rencontra en 1571, au château de Talcy,

près de Blois. Le recueil reprend tous les lieux communs de la poésie pétrarquiste, mais le poète les renouvelle par la vigueur de son tempérament et son sens du pittoresque dramatique :

Je vis un jour un soldat terrassé,
Blessé à mort de la main ennemie,
Avec le sang, l'âme rouge ravie
Se débattait dans le sein transpercé.

De mille morts ce périssant pressé
Grinçait les dents en l'extrême agonie,
Nous priait tous de lui hâter la vie :
Mort et non mort, vif non vif fût laissé (1).

« Ha, dis-je alors, pareille est ma blessure,
Ainsi qu'à lui ma mort est toute sûre,
Et la beauté qui me contraint mourir

Voit bien comment je languis à sa vue
Ne voulant pas tuer ceux qu'elle tue,
Ni par la mort un mourant secourir ».

AGRIPPA D'AUBIGNÉ, Le Printemps, XIV.

Il est traditionnel que le poète se plaigne de la guerre impitoyable que lui fait la femme aimée. Mais une telle image est ici reprise par un homme qui a l'expérience directe des atrocités de la guerre civile.

NOS DÉSIRS SONT D'AMOUR LA DÉVORANTE BRAISE

Le thème de la forge de l'amour vient d'Italie. Il a été repris plusieurs fois en France avant d'Aubigné, qui le développe avec sa pesanteur et, si l'on veut, son mauvais goût habituel, mais aussi avec son sens de la couleur. La lutte entre le feu du cœur et l'eau des larmes est aussi un lieu commun précieux. Mais d'Aubigné n'est pas un mourant plaintif comme beaucoup de pétrarquistes. C'est lui qui vaincra l'enfant-forgeron Amour.

---

1. Aurait été laissé.

L'amour. De l'idéal au réel

Nos désirs sont d'amour la dévorante braise,
Sa boutique nos corps, ses flammes nos douleurs,
Ses tenailles nos yeux, et la trempe nos pleurs,
Nos soupirs ses soufflets, et nos sens sa fournaise.

De courroux, ses marteaux, il tourmente notre aise
Et sur la dureté il rabat nos malheurs,
Elle lui sert d'enclume et d'étoffe (1) nos cœurs
Qu'au feu trop violent de nos pleurs il apaise,

Afin que l'apaisant et mouillant peu à peu
Il brûle davantage et rengrège son feu.
Mais l'abondance d'eau peut amortir la flamme.

Je tromperai l'enfant, car pensant m'embraser,
Tant de pleurs sortiront sur le feu qui m'enflamme
Qu'il noiera sa fournaise au lieu de l'arroser.

Ibid., LXXIII.

---

1. Matériau.

● CHAPITRE IV

LE DIX-SEPTIÈME SIÈCLE

● INTRODUCTION

1. L'Astrée

L'immense somme romanesque (1607-1627) de d'Urfé est presque tout entière consacrée à l'amour. Il est la seule grande affaire de ces bergers et de ces nymphes du Forez qui vivent dans une Gaule de fantaisie. L'amour y est peint sous tous ses aspects, avec une très grande variété de tons, et des courants d'idées fort divers viennent s'y mêler.

Ce qui peut être considéré comme l'héritage lointain de la courtoisie, c'est la relation entre la maîtresse, exigeante, capricieuse, irritable, et l'amant docile, soumis, inébranlablement fidèle. Astrée traite Céladon avec au moins autant de dureté que Guenièvre traitait Lancelot. Mais la reine accordait assez vite son guerredon au chevalier. La vertueuse Astrée accordera le mariage à la fin du roman et sera intraitable jusque-là. Du moins le prétend-elle.

D'Urfé avait une vaste culture. On trouve dans *L'Astrée*

non seulement l'influence de la littérature romanesque italienne et espagnole, mais celle du platonisme. Toute beauté y est le reflet de la divinité, et l'amour est une aspiration au divin. Il s'agit d'un platonisme christianisé qui se rapproche parfois du christianisme optimiste de saint François de Sales, lequel fut d'ailleurs un ami de d'Urfé. Dans le roman, le personnage de Silvandre est le théoricien de cet amour idéalisé. Il célèbre les amours chastes et fidèles et s'oppose au libertin Hylas, personnage haut en couleur, qui respire la joie de vivre et défend les droits des sens et les amours volages. La morale triomphe puisque Hylas le coureur finit par se convertir à la fidélité. L'amour pour Silvandre est un sentiment noble et vertueux, dans la tradition courtoise. Mais un autre courant se fait jour dans *L'Astrée*, et exercera une forte influence dans toute la première moitié du siècle, c'est le néo-stoïcisme de du Vair. L'amour est une passion qu'il faut dominer, c'est une faiblesse qui soustrait la personne à l'empire de la raison. Il est donc dans *L'Astrée* tantôt une faiblesse, tantôt une vertu, contra-diction qui se retrouve à travers toute la préciosité et qui n'est pas la seule.

Car les chastes amants, Astrée et Céladon, flirtent outrageu-sement. Tout d'abord Céladon se déguise en fille pour pouvoir prononcer le jugement de Pâris entre Astrée et deux autres bergères qui se déshabillent devant lui. Et plus tard, quand Astrée courroucée lui a interdit de jamais reparaître devant elle, tout obéissant qu'il soit, il trouve des accommodements avec sa conscience et se fait passer pour le jeune druidesse Alexis, pour qui Astrée se prend d'autant plus d'amitié qu'elle ressemble étonnamment à son amant. Les deux jeunes gens vivent ensemble et c'est l'occasion de toutes sortes de désha-billages et de caresses équivoques, à quoi se prête la vertueuse Astrée puisqu'elle ignore qu'Alexis est un homme et contre toute vraisemblance n'évente pas la ruse. La sensualité tient donc une large place, mais toujours à la faveur du déguisement. Elle ne s'exprime jamais au niveau du langage parce qu'il faut que les apparences soient sauves. La vertu de la dame est d'abord dans sa réputation, et cela correspond aux conventions de la vie réelle. Lorsqu'Astrée, par l'aveu même d'Alexis, découvre enfin la supercherie, son indignation tient surtout au fait qu'on puisse la soupçonner de s'être prêtée à ce jeu, volontairement. L'amour idéalisé apparaît donc ici comme une exigence de la femme, soucieuse à juste titre d'obtenir le respect. Mais le romancier d'Urfé a trop le sens du réel pour ne pas peindre aussi l'amour sensuel. Toutefois, respectueux des conventions, il le déguise.

L'Astrée, par la grande variété de ses situations romanesques, par la finesse et la richesse de ses analyses, par la grâce de son style, a joué le rôle d'une sorte de manuel du comportement amoureux pendant une grande partie du xviie siècle, et au xviiie siècle elle enchantait encore Rousseau. En elle, les salons précieux ont puisé un art de vivre, et c'est pour une part à l'exemple de Céladon que les poètes précieux, Voiture, Malleville, Bensérade, etc., meurent d'amour pour la Dame dont la cruauté leur inflige les pires tourments. Mais il y avait dans *L'Astrée* une certaine verdeur qui disparaît dans les salons où les convenances triomphent. L'amour qu'on célèbre chez la marquise de Rambouillet et les autres précieuses est un sentiment platonique, très cérébral, qui sert de prétexte à des analyses raffinées mais non exemptes de conventions (la Carte du Tendre de Mlle de Scudéry). Les poètes précieux chantent des passions toutes littéraires qui se réduisent à la galanterie et aux jeux d'esprit. Ils reprennent souvent des thèmes consacrés, comme celui de la belle matineuse (Voiture et Malleville) qu'on trouvait chez Du Bellay et Ronsard. Malgré tout ce que leur inspiration a d'artificiel, ils ont contribué à maintenir autour des précieuses cette religion de l'amour que pratiquait la littérature courtoise, mais en épurant le sentiment amoureux de la sensualité.

2. L'AMOUR CORNÉLIEN

Les contradictions que nous signalions dans l'*Astrée* se retrouvent chez Corneille, pour qui l'amour est tantôt vertu, tantôt faiblesse. Il peut même être les deux à la fois, si étrange que cela puisse paraître, et cela se retrouve chez d'autres écrivains de la même époque : « Que cette faiblesse est glorieuse ! écrit Mlle de Scudéry dans *Le grand Cyrus*, et qu'il faut avoir l'âme grande pour en être capable » (1). C'est qu'au moment où se renforce la monarchie absolue, où la société tout entière est rangée sous la domination d'un pouvoir central et fort,

---

1. Cité par Bénichou : *Morales du grand siècle*, p. 54.

il devient plus difficile de célébrer un sentiment anarchique, qui se place au-dessus de tous les impératifs sociaux et de toutes les institutions. L'amour ne peut plus être la source de toutes les vertus. Les nobles personnages des tragédies sont nobles de cœur dans la mesure où ils sont capables de sacrifier leurs sentiments amoureux à leurs grands intérêts politiques et familiaux, qu'il est digne de leur honneur et de leur gloire de préférer. A une passion aveugle et aliénante les personnages cornéliens opposent parfois leur exigence de liberté; ils transforment en devoirs les passions plus nobles et prétendent ne suivre que les lois de la raison. D'autres textes de la même époque affirment les mêmes tendances morales, par exemple le *Discours contre l'amour* de Chapelain (1635) (1). Le personnage d'Alidor, dans *La Place royale*, est donc bien de son temps. Pourtant cette dangereuse faiblesse, cet instinct qui échappe à l'emprise de la raison, peut être aussi une vertu. L'amour dans les grandes âmes repose sur la considération du mérite de l'autre. Il donne la volonté de se montrer digne des sentiments qu'on inspire à un être vertueux et noble, il exige toutes sortes de sacrifices, y compris celui de l'amour lui-même. Tel est le sens des rapports entre Rodrigue et Chimène, dont la passion est fondée sur l'estime réciproque et reste noble dans la mesure où elle fait passer d'autres devoirs avant elle-même. Voir *Le Cid*, acte III, scène 4. En ces deux personnages, Corneille a trouvé un point d'équilibre entre les traditions courtoises et les exigences du stoïcisme.

3. INFLUENCES JANSÉNISTES. *La Princesse de Clèves*

La littérature du XVIIᵉ siècle est allée de plus en plus sur la voie du pessimisme, et le tableau qu'elle donne de l'amour s'assombrit. Il n'y a plus aucune idéalisation dans le théâtre de Racine, ni dans les *Lettres de la religieuse portugaise*. L'amour est une passion cruelle et meurtrière, proche parfois de la haine, qui mène au malheur, qui avilit et qui tue. Il n'en est pas autrement dans *La Princesse de Clèves*, où l'amour n'est rien d'autre que la guerre des sexes. Pour Nemours, le héros auquel nulle

1. On en trouvera un extrait dans Nadal : *Le Sentiment de l'amour dans l'œuvre de Pierre Corneille*, p. 108.

femme jusqu'ici n'a pu résister, Mme de Clèves est une proie. Certes, elle a subjugué son cœur, mais dès que le désir serait satisfait, la passion s'apaiserait et la femme aimée ne tarderait pas à être abandonnée. Toute l'intrigue est assimilée à un siège que Nemours met devant la vertu de la princesse comme devant une place forte. Chaque dialogue est un duel où le moins expérimenté des deux commet des fautes et des maladresses, marquées par son « embarras », par son « trouble ». La princesse rompt le combat en fuyant à Coulommiers. Il la poursuit, l'espionne, apprend sa victoire qu'il se hâte de claironner, quitte à se repentir ensuite de cette erreur stratégique. De son côté, elle connaît les « horreurs » de la jalousie.

Mais l'idéalisation, absente au niveau des sentiments, se retrouve à celui des personnages. Mme de Clèves est prise d'une passion irrésistible pour l'homme qui réunit en lui toutes les séductions. Pourtant elle résiste par un effort de vertu extraordinaire. Tout l'art de l'auteur vise à nous faire sentir l'égale intensité de ces deux forces opposées dont le conflit oblige Mme de Clèves à recourir à un procédé inouï : l'aveu à son propre mari qu'elle aime un autre homme. Le prince de Clèves en meurt et sa femme devenue libre de céder à son amour le surmonte à nouveau, à la fois parce qu'elle ne peut pas épouser un homme responsable de la mort de son mari, et parce qu'elle a peur des malheurs que la passion inévitablement provoque. Cette héroïne, par l'intensité de sa sensibilité et sa grandeur morale est une des plus belles créations romanesques de notre littérature. Elle est d'autant plus idéalisée que la passion l'est moins.

[ÉLOGE DE LA FIDÉLITÉ]

Discussion entre Silvandre et Hylas :

Qu'est-ce, berger, que vous désirez le plus quand vous aimez? — D'être aimé, répondit Hylas. — Mais, répliqua Silvandre, quand vous êtes aimé, que souhaitez-vous de cette amitié? — Que la personne que j'aime, dit Hylas, fasse plus d'état de moi que de tout autre, qu'elle se fie en moi, et qu'elle tâche de me plaire. — Est-il possible, reprit alors Silvandre, que

pour conserver la vie, vous usiez du poison? Comment
voulez-vous qu'elle se fie en vous, si vous ne lui
êtes pas fidèle? — Mais, dit le berger, elle ne·le saura
pas. — Et ne voyez-vous, répondit Silvandre, que
vous voulez faire avec trahison, ce que je dis qu'il
faut faire avec sincérité? Si elle ne sait pas que vous
en aimez d'autre, elle vous croira fidèle, et ainsi
cette feinte vous profitera, mais jugez si la feinte
peut ce que fera le vrai. Vous parlez de mépris et
de dépit, et y a-t-il rien qui apporte plus l'un et
l'autre en un esprit généreux que de penser : celui
que je vois ici à genoux devant moi, s'est lassé d'y
être devant une vingtaine, qui ne me valent pas;
cette bouche dont il baise ma main est flétrie des
baisers qu'elle donne à la première main qu'elle rencontre, et ces yeux dont il semble qu'il idolâtre mon
visage étincellent encore de l'amour de toutes celles
qui ont le nom de femme? Et qu'ai-je à faire d'une
chose si commune? Et pourquoi en ferais-je état,
puisqu'il ne fait rien davantage pour moi, que pour
la première qui le daigne regarder? Quand il parle
à moi, il pense que ce soit à telle ou à telle personne,
et ces paroles dont il use, il les vient d'apprendre à
l'école d'une telle, ou bien il vient les étudier ici,
pour les aller dire là. Dieu sait quels mépris et quel
dépit lui peut faire concevoir cette pensée! Et de
même pour le second point : que pour se faire aimer,
il ne faut guère aimer, et être joyeux et galant; car
être joyeux et rieur est fort bon pour un plaisant,
et pour une personne de telle étoffe, mais pour un
amant, c'est-à-dire pour un autre nous-même,
ô Hylas, qu'il faut bien d'autres conditions! Vous
dites qu'en toutes choses la médiocrité seule est
bonne. Il y en a, berger, qui n'ont point d'extrémité,
de milieu, ni de défaut, comme la fidélité; car celui
qui n'est qu'un peu fidèle ne l'est point du tout,
et qui l'est, l'est en extrémité, c'est-à-dire qu'il n'y
peut point avoir de fidélité plus grande l'une que
l'autre. De même est-il de la vaillance, et de même
aussi de l'amour, car celui qui peut la mesurer, ou
qui en peut imaginer quelque autre plus grande que

la sienne, il n'aime pas. Par ainsi, vous voyez, Hylas, comme en commandant que l'on n'aime que médiocrement, vous ordonnez une chose impossible. Et quand vous aimez ainsi, vous faites comme ces fols mélancoliques, qui croient être savants en toutes sciences, et toutefois ne savent rien, puisque vous avez opinion d'aimer, et en effet vous n'aimez pas. Mais soit ainsi, que l'on puisse aimer un peu : et ne savez-vous que l'amitié n'a point d'autre moisson que l'amitié, et que tout ce qu'elle sème, c'est seulement pour en recueillir ce fruit? Et comment voulez-vous que celle que vous aimerez un peu, vous veuille aimer beaucoup? puisque tant s'en faut qu'elle y gagnât, qu'elle perdrait une partie de ce qu'elle sèmerait en terre tant ingrate. — Elle ne saurait pas, dit Hylas, que je l'aimasse ainsi.

— Voici, dit Silvandre, même trahison que je vous ai déjà reprochée. Et croyez-vous, puisque vous dites que les effets d'une extrême amour sont les importunités que vous avez racontées, que si vous ne les lui rendiez pas, elle ne connût bien la faiblesse de votre affection? ô Hylas, que vous savez peu en amour! Ces effets qu'une extrémité d'amour produit, et que vous nommez importunités, sont bien tels peut-être envers ceux qui, comme vous, ne savent aimer, et qui n'ont jamais approché de ce dieu, qu'à perte de vue. Mais ceux qui sont vraiment touchés, ceux qui à bon escient aiment, et qui savent quels sont les devoirs, et quels sont les sacrifices qui se font aux autels d'amour, tant s'en faut qu'à semblables effets ils donnent le nom d'importunités, qu'ils les appellent félicités et parfaits contentements. Savez-vous bien ce que c'est qu'aimer? C'est mourir en soi, pour revivre en autrui (1), c'est ne se point aimer que d'autant que l'on est agréable à la chose aimée, et bref, c'est une volonté de se transformer, s'il se peut, entièrement en elle. Et pouvez-vous imaginer

---

1. Doctrine platonicienne. Voir l'introduction du chap. II, et le dizain de Scève : « L'heur de notre heur ... ».

qu'une personne qui aime de cette sorte puisse être quelquefois importunée de la présence de ce qu'elle aime, et que la connaissance qu'elle reçoit d'être vraiment aimée, ne lui soit pas une chose si agréable, que toutes les autres au prix de celle-là ne peuvent seulement être goûtées? (...)

Or voyez, Hylas, si vous n'êtes pas bien ignorant en amour, puisque jusques ici vous avez cru d'aimer, et toutefois vous n'avez fait qu'abuser du nom d'amour, et trahir celles que vous avez pensé d'aimer? — Comment, dit Hylas, que je n'ai point aimé jusques ici? et qu'ai-je donc fait avec Carlis, Amaranthe, Laonice, et tant d'autres? — Ne savez-vous pas, dit Silvandre, qu'en toutes sortes d'arts il y a des personnes qui les font bien, et d'autres mal? L'amour est de même, car on peut bien aimer comme moi, et mal aimer, comme vous; et ainsi on me pourra nommer maître, et vous brouillon d'amour.

A ces derniers mots, il n'y eut celui qui pût s'empêcher de rire.

HONORÉ D'URFÉ, *L'Astrée*, 1re partie, livre VIII.

[LE MYTHE DES AIMANTS]

| Conversation entre Céladon et la nymphe Silvie :

— Je suis si peu savante en cette science (1), qu'il faut que je m'en remette à ce que vous en dites. Si crois-je toutefois, qu'il faut que ce soit autre chose que la beauté qui fasse aimer, autrement une dame qui serait aimée d'un homme, le devrait être de tous. — Il y a, répondit le berger, plusieurs réponses à cette opposition. Car toutes beautés ne sont pas vues d'un même œil, d'autant que tout ainsi qu'entre les couleurs il y en a qui plaisent à quelques-uns, et qui

_____

1. L'amour.

déplaisent à d'autres, de même faut-il dire des beautés, car tous les yeux ne les jugent pas semblables, outre qu'aussi ces belles ne voient pas chacun d'un même œil, et tel leur plaira, à qui elles tâcheront de plaire, et tel au rebours, à qui elles essaieront de se rendre désagréables. Mais, outre toutes ces raisons, il me semble que celle de Silvandre encore est très bonne : quand on lui demande pourquoi il n'est point amoureux, il répond qu'il n'a pas encore trouvé son aimant, et que quand il le trouvera, il sait bien qu'infailliblement il faudra qu'il aime comme les autres.

Et répondit Silvie : Qu'entend-il par cet aimant? — Je ne sais, répliqua le berger, si je le vous saurai bien déduire, car il a fort étudié, et entre nous, nous le tenons pour homme très entendu. Il dit que quand le grand Dieu forma toutes nos âmes, il les toucha chacune avec une pièce d'aimant, et qu'après il mit toutes ces pièces dans un lieu à part, et que de même celles des femmes, après les avoir touchées, il les serra en un autre magasin séparé. Que depuis quand il envoie les âmes dans les corps, il mène celles des femmes où sont les pierres d'aimant qui ont touché celles des hommes, et celles des hommes à celles des femmes, et leur en fait prendre une à chacune. S'il y a des âmes larronnesses, elles en prennent plusieurs pièces qu'elles cachent. Il advient de là qu'aussitôt que l'âme est dans le corps et qu'elle rencontre celle qui a son aimant, il lui est impossible qu'elle ne l'aime et d'ici procèdent tous les effets de l'amour; car quant à celles qui sont aimées de plusieurs, c'est qu'elles ont été larronnesses et ont pris plusieurs pièces. Quant à celle qui aime quelqu'un qui ne l'aime point, c'est que celui-là a son aimant, et non pas elle le sien. On lui fit plusieurs oppositions, quand il disait ces choses, mais il répondit fort bien à toutes. Entre autres je lui dis : Mais que veut dire que quelquefois un berger aimera plusieurs bergères? — C'est, dit-il, que la pièce d'aimant qui le toucha, étant entre les autres, lorsque Dieu les mêla, se cassa, et étant en diverses pièces, toutes celles qui en ont attirent cette âme. Mais aussi prenez garde que ces personnes qui sont éprises de diverses amours n'aiment pas beaucoup : c'est d'autant que ces petites pièces séparées n'ont pas tant de force qu'étant unies.

De plus, il disait que d'ici venait que nous voyons bien souvent des personnes en aimer d'autres qui à nos yeux n'ont rien d'aimable, que d'ici procédaient aussi ces étranges amours, qui quelquefois faisaient qu'un Gaulois nourri entre toutes les plus belles dames viendra à aimer une barbare étrangère. Il y eut Diane qui lui demanda ce qu'il dirait de ce Timon Athénien qui n'aima jamais personne, et que jamais personne n'aima. L'aimant, dit-il, de celui-là, ou était encore dans le magasin du grand Dieu, quand il vint au monde, ou bien celui qui l'avait pris mourut au berceau, ou avant que ce Timon fût né, ou en âge de connaissance. De sorte que depuis, quand nous voyons quelqu'un qui n'est point aimé, nous disons que son aimant a été oublié. — Et que disait-il, dit Silvie, sur ce que personne n'avait aimé Timon? — Que quelquefois, répondit Céladon, le grand Dieu comptait les pierres qui lui restaient, et trouvant le nombre failli, à cause de celles que quelques âmes larronnesses avaient prises de plus, comme je vous ai dit, afin de remettre les pièces en leur nombre égal, les âmes qui alors se rencontraient pour entrer au corps, n'en emportaient point, que de là venait que nous voyons quelquefois des bergères assez accomplies, qui sont si défavorisées, que personne ne les aime. Mais le gracieux Corilas lui fit une demande selon ce qui le touchait pour lors : Que veut dire qu'ayant aimé longuement une personne, on vient à la quitter et à en aimer une autre? — Silvandre répondit à cela que la pièce d'aimant de celui qui venait à se changer avait été rompue, et celle qu'il avait aimée la première en devait avoir une pièce plus grande que l'autre, pour laquelle il la laissait, et que tout ainsi que nous voyons un fer entre deux calamites (1), se laisser tirer à celle

---

1. « C'est un des noms qu'on a donnés autrefois à la pierre d'aimant » Furetière.

qui a plus de force, de même l'âme se laisse emporter à la plus forte partie de son aimant. — Vraiment, dit Silvie, ce berger doit être gentil d'avoir de si belles conceptions.

Ibid., 1re partie, livre X.

> — Montrez que ce mythe des aimants n'est qu'une forme du mythe de l'androgyne.
> — Sur quel ton est donnée cette leçon de science de l'amour ?

[L'AMANT EXILÉ]

Céladon, après s'être enfui du palais de Galathée, vit dans la solitude, loin d'Astrée :

Déjà par deux fois le jour avait fait place à la nuit avant que ce berger se ressouvînt de manger, car ses tristes pensers l'occupaient de sorte, et la mélancolie lui remplissait si bien l'estomac qu'il n'avait point d'appétit d'autre viande, que de celle que le ressouvenir de ses ennuis lui pouvait préparer, détrempée avec tant de larmes que ses yeux semblaient deux sources de fontaine. Et n'eût été la crainte d'offenser les dieux en se laissant mourir et plus encore celle de perdre par sa mort la belle idée qu'il avait d'Astrée en son cœur, sans doute il eût été très aise de finir ainsi le triste cours de sa vie. Mais s'y voyant contraint, il visita sa panetière que Léonide lui avait fort bien garnie, la provision de laquelle lui dura plusieurs jours, car il mangeait le moins qu'il pouvait. Enfin il fut contraint de recourir aux herbes et aux racines plus tendres, et par bonne rencontre il se trouva qu'assez près de là il y avait une fontaine fort abondante en cresson, qui fut son vivre plus assuré et plus délicieux, car sachant où trouver assurément de quoi vivre, il n'employait le temps qu'à ses tristes pensers ; aussi lui faisaient-ils si fidèle compagnie que, comme ils ne pouvaient être sans lui, aussi n'était-il jamais sans eux.

Tant que durait le jour, s'il ne voyait personne autour de sa petite demeure, il se promenait le long du gravier, et là bien souvent sur les tendres écorces des jeunes arbres, il gravait le triste sujet de ses ennuis, quelquefois son chiffre et celui d'Astrée. Que s'il lui advenait de les entrelacer ensemble, soudain il les effaçait, et disait : Tu te trompes, Céladon, ce n'est plus la saison où ces chiffres te furent permis. Autant que tu es constant, autant à ton désavantage toute chose est changée. Efface, efface, misérable, ce trop heureux témoin de ton bonheur passé. Et si tu veux mettre avec ton chiffre ce qui lui est plus convenable, mets-y des larmes, des peines, et des morts.

Avec semblables propos Céladon se reprenait, si quelquefois il s'oubliait en ces pensers. Mais quand la nuit venait, c'est lors que tous ses déplaisirs plus vivement lui touchaient en la mémoire, car l'obscurité a cela de propre qu'elle rend l'imagination plus forte; aussi ne se retirait-il jamais qu'il ne fût bien nuit. Que si la lune éclairait, il passait les nuits sous quelques arbres où bien souvent assoupi du sommeil sans y penser, il s'y trouvait le matin. Ainsi allait traînant sa vie ce triste berger qui en peu de temps se rendit si pâle et si défait, qu'à peine l'eût-on pu reconnaître. Et lui-même quelquefois allant boire à la proche fontaine, s'étonnait quand il voyait sa figure dans l'eau, comme étant réduit en tel état il pouvait vivre. La barbe ne le rendait point affreux, car il n'en avait point encore, mais les cheveux qui lui étaient fort crus, la maigreur qui lui avait changé le tour du visage, et allongé le nez, et la tristesse qui avait chassé de ses yeux ces vifs éclairs qui autrefois les rendaient si gracieux, l'avaient fait devenir tout autre qu'il ne voulait être. Ah! si Astrée l'eût vu en tel état, que de joie et de contentement lui eût donnés la peine de son fidèle berger, connaissant par un si assuré témoignage combien elle était vraiment aimée du plus fidèle et du plus parfait berger de Lignon!

Ibid., 1re partie, livre XII.

[L'ABSENCE AUGMENTE L'AMOUR]

La nymphe Léonide a demandé à Silvandre pourquoi il ne recherche pas davantage la compagnie de Diane, qu'il aime.

« Ce que vous me demandez, grande nymphe, n'est pas difficile d'être entendu, pourvu qu'il soit pris comme il doit être, parce qu'il est bien certain que les yeux sont les premiers qui donnent entrée à l'Amour dans nos âmes (1). Que si quelques-uns sont devenus amoureux en oyant raconter les beautés et perfections des personnes absentes, ou ç'a été une Amour qui n'a pas été de durée ni violente (étant plutôt une peinture d'Amour que une vraie Amour), ou l'esprit qui l'a conçue a quelque grand défaut en soi-même, d'autant que l'ouïe rapporte aussi bien les faussetés que les vérités, et le jugement qui se fait sur un rapport incertain, ne saurait être bon ni procéder d'une âme bien posée; mais tout ainsi que ce qui produit quelque chose n'est pas ce qui la nourrit, et qui la met après en sa perfection, de même devons-nous dire de l'Amour, parce que si nos agneaux naissent de nos brebis, et qu'au commencement ils tirent quelque légère nourriture de leur lait, ce n'est pas toutefois ce lait qui les met en leur perfection, mais une plus ferme nourriture qu'ils reçoivent de l'herbe dont ils se paissent. Aussi les yeux peuvent bien commencer et élever une jeune affection, mais lorsqu'elle est crue, il faut bien quelque chose de plus ferme et de plus solide pour la rendre parfaite; et cela ne peut être que la connaissance des vertus, des beautés, des mérites, et d'une réciproque affection de celle que nous aimons. Or quelques-unes de ces connaissances prennent bien leur origine des yeux, mais il faut que l'âme par après se tournant sur les images qui lui en sont demeurées au rapport des yeux et des oreilles,

---

1. Rappelons que selon Marsile Ficin, la vue est avec l'ouïe, le sens noble qui inspire l'amour céleste.

les appelle à la preuve du jugement, et que toutes choses bien débattues elle en fasse naître la vérité. Que si cette vérité est à notre avantage, elle produit en nous des pensées dont la douceur ne peut être égalée par autre sorte de consentement que par l'effet des mêmes pensées. Que si elles sont seulement avantageuses pour la personne aimée, elles augmentent sans doute notre affection, mais avec violence et inquiétude ; et c'est pourquoi il ne faut point douter que l'absence n'augmente l'amour, pourvu toutefois qu'elle ne soit pas si longue, que les images reçues de la chose aimée se puissent effacer, soit que l'Amant éloigné ne se représente que les perfections de ce qu'il aime, parce qu'Amour qui est rusé et cauteleux, ne lui a peint que ces images parfaites en la fantaisie, soit que l'entendement étant déjà blessé ne veuille tourner sa vue que sur celles qui lui plaisent, soit que la pensée en semblables choses ajoute toujours beaucoup aux perfections de la personne aimée ; tant y a que celui véritablement n'a point aimé, qui n'augmente son affection étant éloigné de ce qu'il aime.

Ibid., 2e partie, livre I.

[L'AMOUR EST UNE FAIBLESSE]

La bergère Célidée répond à Calidon qui la somme, au nom du Dieu Amour, de couronner sa flamme :

A quoi penses-tu, Calidon, quand tu m'appelles devant cet Amour, duquel tu fais ton juge et ton Dieu ? Crois-tu que s'il est le Dieu de ceux qui se plaisent à leur perte, son pouvoir s'étende sur nous, qui même avons honte que son nom soit en notre bouche, voire qu'il frappe nos oreilles ? Une fille, Calidon, de qui les actions et tout le reste de la vie, ont toujours fait paraître le mépris qu'elle fait de cet Amour, est maintenant appelée par toi devant son trône, pour en recevoir le jugement ? Et que dois-tu attendre pour réponse de moi, sinon que d'autant qu'Amour l'ordonne ainsi, je ne le veux pas faire? C'est bien à propos pour me convaincre de défaut, de m'appeler devant celui qui n'est que défaut; ne pense point, berger, que pour ma défense, j'use d'excuse envers lui ni envers toi, tant que tu ne m'allégueras point de meilleure raison que celle de ses ordonnances; car tant s'en faut que je veuille nier de n'y avoir point contrevenu, que je fais gloire de les avoir dédaignées. Mais, je te supplie, quand j'aurai observé ce qu'il ordonne, quand je me serai contrainte de vivre selon sa volonté, quelle glorieuse récompense en dois-je attendre? Voilà, dira-t-on de moi, pour tout paiement de mes peines, voilà la fille de toute la contrée la plus amoureuse. O beau et honorable titre pour une fille bien née, et qui désire passer sa vie sans reproche! Ne m'appelle donc, ô Berger, devant ce trône, de qui je ne veux reconnaître la puissance, et de laquelle je me déclare dès maintenant ennemie.

Que si tu veux que je te réponde, allons tous deux devant la Vertu ou la Raison.

Ibid., 2e partie, livre II.

— Quelle idée la bergère se fait-elle de l'amour?
— Montrez dans ce discours le rôle que joue le souci de la réputation.

[L'HONNÊTE AMITIÉ]

Célidée explique devant la nymphe Léonide pourquoi elle a aimé Thamyre de préférence à Calidon, quoiqu'elle soit « ennemie d'Amour ».

J'ai ouï dire, grande nymphe, qu'on peut aimer en deux sortes : l'une est selon la raison, l'autre selon le désir. Celle qui a pour règle la raison, on me l'a nommée amitié honnête et vertueuse, et celle qui se laisse emporter à ses désirs, Amour. Par la première, nous aimons nos parents, notre patrie, et en général et en particulier tous ceux en qui quelque vertu reluit; par l'autre, ceux qui en sont atteints sont transportés comme d'une fièvre ardente, et commettent tant de fautes, que le nom en est aussi diffamé parmi les personnes d'honneur que l'autre est estimable et honoré. Or j'avouerai donc, sans rougir, que Thamyre a été aimé de moi; mais incontinent j'ajouterai pour sa vertu. Que si Calidon me demande comment je puis discerner deux sortes d'affection puisqu'elles prennent quelquefois l'habit l'une de l'autre, je lui répondrai que la sage Cléontine m'enseignant comment j'avais à vivre parmi le monde, me donna cette différence de ces deux affections : Ma fille, dit-elle, l'âge qui par l'expérience m'a fait connaître plusieurs choses, m'a appris que la plus sûre connaissance procède des effets; c'est pourquoi pour discerner de quelle façon nous sommes aimées, considérons les actions de ceux qui nous aiment : si nous voyons qu'elles soient déréglées et contraires à la raison, à la vertu, ou au devoir, fuyons-les comme honteuses; si au contraire nous les voyons modérées, et n'outrepassant point les limites de l'honnêteté et du devoir, chérissons-les, et les estimons comme vertueuses.

Voilà, Berger, la leçon qui m'a fait connaître que je devais chérir l'affection de Thamyre et fuir la tienne; car quels effets m'a produits celle de Calidon? Il ne faut point les particulariser encore une fois, puis, Madame, qu'il ne les vous a point cachés. Des violences, des transports, et des désespoirs dont elle est toute pleine, ne furent jamais, ce me semble, des effets de la vertu. Que si nous considérons celle de Thamyre, qu'y remarquerons-nous que la vertu même? Quand a-t-il commencé de m'aimer? En une saison (1) qu'il n'y avait pas d'apparence que le vice

---

1. Thamyre est relativement âgé.

Carte du Tendre

l'y pût convier. Comment a-t-il continué cette amitié?
En sorte que l'honnêteté ne s'en saurait offenser.

Ibid., 2e partie, livre II.

Célidée distingue d'un bout à l'autre deux sortes d'amour,
et l'on pourrait penser à l'opposition platonicienne entre
la Vénus céleste et la Vénus populaire. En fait, il y a de
profondes différences car le platonisme ne condamne pas
la Vénus populaire, qui n'est que le premier degré de
l'amour. Ici au contraire l'amour sensuel est l'objet d'une
réprobation sévère.

Aimer « selon le désir » c'est se laisser emporter, com-
mettre des fautes. Le désir est assimilé à une maladie :
« une fièvre ardente »; les actions de ceux qu'il entraîne
sont « déréglées », contraires à la raison, honteuses. Ce
ne sont que violences, transports, désespoirs. Le mot
décisif est employé à la fin : « le vice ».

A l'opposé un autre amour est décrit, qui paraît être
totalement exempt de désir. Les mots « raison, vertu,
devoir » sont associés à cet amour-là. Il est « honnête »
et se caractérise par la modération; il n'outrepasse pas
certaines limites. D'un côté, donc, l'outrance, le dérégle-
ment, de l'autre l'équilibre, la maîtrise de soi; la raison
porte l'âme vers l'amour de la vertu, sans qu'aucune
impulsion physique vienne troubler l'harmonie. Conception
si élevée qu'on sort en vérité de l'amour. A trois reprises,
le texte est fort clair sur ce point : « celle qui a pour règle
la raison, on me l'a nommée amitié honnête et vertueuse ».
Elle nous fait aimer « nos parents, notre patrie », et l'on
pourrait croire qu'un tel sentiment n'a plus rien de commun
avec ceux qui naissent des rapports entre les sexes. Or
Célidée avoue avoir aimé Thamyre, mais elle l'a aimé
pour sa vertu. Chose plus extraordinaire encore, l'amour
de Thamyre n'est tolérable pour elle que parce qu'il est
âgé, et que son affection n'a pas une source impure.

S'il s'agit donc ici de platonisme, il est transformé par
le néo-stoïcisme et par un certain christianisme puritain
qui jette l'anathème sur l'œuvre de chair. Célidée est,
en fait, une précieuse avant la lettre, qui se déclare horrifiée
devant les réalités physiques de l'amour. Molière dans

Les Femmes savantes se moquera de ces précieuses-là. Morale qui pousse l'austérité jusqu'au chimérique, et qui ne va pas sans quelque pharisaïsme, car l'opinion semble y être le critère principal des jugements : « le nom en est... diffamé parmi les personnes d'honneur ».

[MÉTAPHYSIQUE DE L'AMOUR]

Silvandre surprend une conversation entre le druide Adamas et Céladon. Le druide parle :

« Il faut (...) que vous sachiez que toute beauté procède de cette souveraine bonté que nous appelons Dieu, et que c'est un rayon qui s'élance de lui sur toutes les choses créées. Et comme le soleil que nous voyons éclaire l'air, l'eau et la terre d'un même rayon, ce soleil éternel embellit aussi l'entendement angélique, l'âme raisonnable et la matière; mais, comme la clarté du soleil paraît plus belle en l'air qu'en l'eau, et en l'eau qu'en la terre, de même celle de Dieu est bien plus belle en l'entendement angélique qu'en l'âme raisonnable, et en l'âme qu'en la matière. Aussi disons-nous qu'au premier il a mis les idées, au second les raisons, et au dernier les formes.

Il voulait continuer lorsque le berger l'interrompit de cette sorte : Vous vous élevez un peu trop haut, mon père, et ne regardez pas à qui vous parlez; j'ai l'esprit trop pesant pour voler à la hauteur de votre discours. Toutefois si vous me faîtes entendre que c'est que l'entendement, que l'âme et que la matière dont vous parlez, peut-être y pourrais-je comprendre quelque chose. — Mon enfant, ajouta le druide, les entendements angéliques sont ces pures intelligences qui, par la vue qu'ils ont de cette souveraine beauté, sont embellies des idées de toutes choses. L'âme raisonnable est celle par qui les hommes sont différents des brutes, et c'est elle-même qui par le discours nous fait parvenir à la connaissance des choses, et qui à cette occasion s'appelle raisonnable.

La matière est ce qui tombe sous les sens, qui

s'embellit par les diverses formes qu'on lui donne, et par là vous pouvez juger que celle que vous aimez peut bien avoir en perfection les deux dernières beautés que nous nommons corporelle et raisonnable, et que toutefois nous pouvons dire sans l'offenser qu'il y en a d'autres plus grandes que la sienne. Ce que vous entendrez mieux par la comparaison des vases pleins d'eau : car tout ainsi que les grands en contiennent davantage que les petits, et que les petits ne laissent d'être aussi pleins que les plus grands, de même faut-il dire des choses capables de recevoir la beauté. Car il y a des substances qui, pour leur perfection, en doivent recevoir, selon leur nature, beaucoup plus que d'autres, qui toutefois ne se peuvent dire imparfaites, ayant autant de perfection qu'elles en peuvent recevoir ; et c'est de celles-ci que sera votre maîtresse, que sans offense vous pouvez dire parfaite, et avouer moindre que ces pures intelligences dont je vous ai parlé. Que si toutefois vous ne vous laissiez emporter aux folles affections de la jeunesse imprudente, faisant peu de compte de cette beauté que vous voyez en son visage, vous mettriez toute votre affection en celle de son esprit, qui vous rendrait aussi content et satisfait que l'autre jusques ici vous a donné d'occasions d'ennui, et peut-être de désespoir.

— Il y a longtemps, répondit le berger, que j'ai ouï discourir sur ce sujet, mais les déplaisirs que j'ai soufferts m'en avaient ôté la mémoire. Je me souviens à cette heure qu'il y avait un de vos druides qui tâchait de prouver qu'il n'y avait que l'esprit, la vue et l'ouïe qui dussent avoir part en l'amour. D'autant, disait-il, que l'amour n'est qu'un désir de beauté, y ayant trois sortes de beautés, celle qui tombe sous la vue, de laquelle il faut laisser le jugement à l'œil, celle qui est en l'harmonie, dont l'oreille est seulement capable, et celle enfin qui est en la raison, que l'esprit seul peut discerner, il s'ensuit que les yeux, les oreilles et les esprits seuls en doivent avoir la jouissance. Que si quelques autres sentiments s'y veulent mêler, ils ressemblent à ces effrontés qui viennent aux noces sans y être conviés.

— Ah! mon enfant, ajouta l'autre, que ce druide vous apprenait une doctrine entendue peut-être de plusieurs, mais suivie sans doute de peu de personnes. Et c'est pourquoi il ne faut point trouver étrange les ennuis et les infortunes qui arrivent parmi ceux qui aiment, car Amour, qui véritablement est le plus grand et le plus saint de tous les dieux, se voyant offensé en tant de sortes par ceux qui se disent des siens, et ne pouvant supporter les injures qu'ils lui font, soit en contrevenant à ses ordonnances, soit en profanant sa pureté, les châtie presque ordinairement, afin de leur faire reconnaître leur faute. Car toutes ces jalousies, tous ces dédains, tous ces rapports, toutes ces querelles, toutes ces infidélités, et bref, tous ces dénouements d'amitié, que pensez-vous, mon enfant, que ce soit, que punitions de ce grand dieu? Que si nos désirs ne s'étendaient point au-delà du discours, de la vue, et de l'ouïe, pourquoi serions-nous jaloux, pourquoi dédaignés, pourquoi douteux, pourquoi ennemis, pourquoi trahis, et enfin pourquoi cesserions-nous d'aimer, et d'être aimés, puisque la possession que quelque autre pourrait avoir de ces choses n'en rendrait pas moindre notre bonheur?

Ibid., 2e partie, livre II.

Montrez que ce texte contient un exposé de la doctrine platonicienne.

[JOIES DE L'AMOUR]

| Discussion entre Céladon et la nymphe Léonide.

— O misérable état que celui de l'amant! s'écria la nymphe. — Mais tant s'en faut, répondit incontinent le berger, misérable celui qui n'aime point, puisqu'il ne peut jouir des biens les plus parfaits qui soient au monde. Et jugez, belle nymphe, quels doivent être les contentements d'amour, puisque les moindres surpassent les plus grands qu'on puisse avoir en toutes les choses humaines sans amour. Y a-t-il rien de si aisé à divertir que les biens qui sont en la pensée? Et toutefois, quand un amant se représente la beauté de celle qu'il aime, mais encore cela est trop, quand il se remet seulement une de ses actions en mémoire, mais c'est trop encore, quand il se ressouvient du lieu où il l'a vue, voire quand il pense qu'elle se ressouviendra de l'avoir vu en quelque autre endroit, pensez-vous qu'il voulût changer son contentement à tous ceux de l'univers? Tant s'en faut; il est si jaloux et si soigneux d'entretenir seul cette pensée, que pour n'en faire part à personne, il se retire ordinairement en lieu solitaire et reculé de la vue des hommes, ne se soucie point de quitter tous les autres biens que les hommes ont accoutumé de chérir et rechercher avec tant de peine, pourvu qu'avec la perte de tous il achète le bien de ses chères pensées. Or, Léonide, puisque les contentements de la pensée sont tels, quels jugerez-vous ceux de l'effet, quand il y peut arriver? Comment, continuait-il, jouir de la vue de ce que l'on aime? l'ouïr parler? lui baiser la main? ouïr de sa bouche cette parole : je vous aime? est-il possible que la faiblesse d'un cœur puisse supporter tant de contentement? est-il possible que le pouvant, un esprit les conçoive sans ravissement? et ravi, qu'il ne s'y fonde et se sente dissoudre de trop de plaisir et de félicité? Je ne rapporte point ici les dernières assurances que l'on peut recevoir d'être aimé, ni les languissements dans le sein de la personne aimée, parce que, comme ces contentements ne se peuvent goûter sans transport et sans nous ravir entièrement à nous-mêmes, aussi ne peuvent-ils être représentés par la parole que trop imparfaitement. Or dites maintenant, belle nymphe, que l'état d'un amant est misérable, maintenant, dis-je, que vous savez quelles sont ses extrêmes félicités!

Ibid., 2e partie, livre VII.

[TYRANNIE DE L'AMOUR]

Alidor aime Angélique, et cet amour est partagé. Mais il confie à son ami Cléandre qu'il en souffre.

Comptes-tu mon esprit entre les ordinaires?
Penses-tu qu'il s'arrête aux sentiments vulgaires?
Les règles que je suis ont un air tout divers;
Je veux la liberté dans le milieu des fers.
Il ne faut point servir d'objet qui nous possède;
Il ne faut point nourrir d'amour qui ne nous cède :
Je le hais s'il me force : et quand j'aime, je veux
Que de ma volonté dépendent tous mes vœux;
Que mon feu m'obéisse, au lieu de me contraindre;
Que je puisse à mon gré l'enflammer et l'éteindre,
Et, toujours en état de disposer de moi,
Donner, quand il me plaît, et retirer ma foi.
Pour vivre de la sorte Angélique est trop belle :
Mes pensers ne sauraient m'entretenir que d'elle;
Je sens de ses regards mes plaisirs se borner;
Mes pas d'autre côté n'oseraient se tourner;
Et de tous mes soucis la liberté bannie
Me soumet en esclave à trop de tyrannie.
J'ai honte de souffrir les maux dont je me plains,
Et d'éprouver ses yeux plus forts que mes desseins.
Je n'ai que trop langui sous de si rudes gênes;
A tel prix que ce soit il faut rompre mes chaînes,
De crainte qu'un hymen, m'en ôtant le pouvoir,
Fît d'un amour par force un amour par devoir.

CLÉANDRE

Crains-tu de posséder un objet qui te charme?

ALIDOR

Ne parle point d'un nœud dont le nom seul m'alarme.
J'idolâtre Angélique : elle est belle aujourd'hui,
Mais sa beauté peut-elle autant durer que lui?
Et pour peu qu'elle dure, aucun me peut-il dire
Si je pourrai l'aimer jusqu'à ce qu'elle expire?
Du temps, qui change tout, les révolutions

Ne changent-elles pas nos résolutions?
Est-ce une humeur égale et ferme que la nôtre?
N'a-t-on point d'autres goûts en un âge qu'en l'autre?
Juge alors le tourment que c'est d'être attaché
Et de ne pouvoir rompre un si fâcheux marché.
Cependant Angélique, à force de me plaire,
Me flatte doucement de l'espoir du contraire;
Et si d'autre façon je ne me sais garder,
Je sens que ses attraits m'en vont persuader.
Mais, puisque son amour me donne tant de peine,
Je la veux offenser pour acquérir sa haine,
Et mériter enfin un doux commandement
Qui prononce l'arrêt de mon bannissement.
Ce remède est cruel, mais pourtant nécessaire :
Puisqu'elle me plaît trop, il me faut lui déplaire.
Tant que j'aurai chez elle encor le moindre accès,
Mes desseins de guérir n'auront point de succès.

CORNEILLE, *La Place royale*, acte I, scène IV.

— Comment Alidor considère-t-il l'amour?
— Il donne deux arguments pour se forcer à ne plus aimer
Angélique. Lesquels?

[PREMIÈRE RENCONTRE]

Mme de Clèves et M. de Nemours se rencontrent pour la première fois dans un bal à la cour. La reine dauphine a dépeint M. de Nemours à Mme de Clèves de telle façon qu'elle lui a « donné de la curiosité, et même de l'impatience de le voir ».

Elle passa tout le jour des fiançailles chez elle à se parer, pour se trouver le soir au bal et au festin royal qui se faisaient au Louvre. Lorsqu'elle arriva, l'on admira sa beauté et sa parure; le bal commença et, comme elle dansait avec M. de Guise, il se fit un assez grand bruit vers la porte de la salle, comme de quelqu'un qui entrait et à qui on faisait place. Mme de Clèves acheva de danser, et pendant qu'elle cherchait des yeux quelqu'un qu'elle avait dessein de prendre, le Roi lui cria de prendre celui qui arrivait. Elle se tourna et vit un homme qu'elle crut d'abord ne pouvoir être que M. de Nemours, qui passait par-dessus quelque siège pour arriver où l'on dansait. Ce prince était fait d'une sorte qu'il était difficile de n'être pas surprise de le voir quand on ne l'avait jamais vu, surtout ce soir-là, où le soin qu'il avait pris de se parer augmentait encore l'air brillant qui était dans sa personne; mais il était difficile aussi de voir Mme de Clèves pour la première fois sans avoir un grand étonnement.

M. de Nemours fut tellement surpris de sa beauté que, lorsqu'il fut proche d'elle, et qu'elle lui fit la révérence, il ne put s'empêcher de donner des marques de son admiration. Quand ils commencèrent à danser, il s'éleva dans la salle un murmure de louanges. Le Roi et la Reine se souvinrent qu'ils ne s'étaient jamais vus, et trouvèrent quelque chose de singulier de les voir danser ensemble sans se connaître. Ils les appelèrent quand ils eurent fini sans leur donner le loisir de parler à personne et leur demandèrent s'ils n'avaient pas bien envie de savoir qui ils étaient, et s'ils ne s'en doutaient point.

— Pour moi, Madame, dit M. de Nemours, je n'ai pas d'incertitude; mais comme Mme de Clèves n'a pas les mêmes raisons pour deviner qui je suis que celles que j'ai pour la reconnaître, je voudrais bien que Votre Majesté eût la bonté de lui apprendre mon nom.

— Je crois, dit Mme la Dauphine, qu'elle le sait aussi bien que vous savez le sien.

— Je vous assure, Madame, reprit Mme de Clèves, qui paraissait un peu embarrassée, que je ne devine pas si bien que vous pensez.

— Vous devinez fort bien, répondit Mme la Dauphine; et il y a même quelque chose d'obligeant pour

M. de Nemours à ne vouloir pas avouer que vous le connaissez sans l'avoir jamais vu.

Mme de La Fayette, *La Princesse de Clèves*.

— De quelle façon les deux héros sont-ils idéalisés ?
— Étudiez, dans *La Princesse de Clèves*, le rôle de la « surprise » dans les débuts de l'amour.
— Montrez que toute la cour conspire à faire naître leur passion.
— Expliquez le sens des dernières paroles de la Dauphine.

[RENONCEMENT]

La jalousie a tué M. de Clèves. Aucun obstacle extérieur ne subsiste entre Mme de Clèves et M. de Nemours. Dans une dernière entrevue, Mme de Clèves cède « pour la première fois au penchant qu'elle avait pour M. de Nemours ». Mais c'est pour lui dire qu'il doit renoncer à elle, car le devoir les sépare. C'est leur passion mutuelle qui est responsable de la mort de son mari. Il y a aussi une autre raison :

Je crois devoir à votre attachement la faible récompense de ne vous cacher aucun de mes sentiments et de vous les laisser voir tels qu'ils sont. Ce sera apparemment la seule fois de ma vie que je me donnerai la liberté de vous les faire paraître ; néanmoins je ne saurais vous avouer sans honte, que la certitude de n'être plus aimée de vous, comme je le suis, me paraît un si horrible malheur que, quand je n'aurais point de raisons de devoir insurmontables, je doute si je pourrais me résoudre à m'exposer à ce malheur. Je sais que vous êtes libre, que je le suis, et que les choses sont d'une sorte que le public n'aurait peut-être pas sujet de vous blâmer, ni moi non plus, quand nous nous engagerions ensemble pour jamais. Mais les hommes conservent-ils de la passion dans ces engagements éternels? Dois-je espérer un miracle en ma faveur et puis-je me mettre en état de voir certainement finir cette passion dont je ferais toute ma félicité? M. de Clèves était peut-être l'unique homme du monde capable de conserver de l'amour dans le mariage. Ma destinée n'a pas voulu que j'aie pu profiter de ce bonheur; peut-être aussi que sa passion n'avait subsisté que parce qu'il n'en avait pas trouvé en moi. Mais je n'aurais pas le même moyen de conserver la vôtre : je crois même que les obstacles ont fait votre constance. Vous en avez assez trouvé pour vous animer à vaincre et mes actions involontaires, ou les choses que le hasard vous a apprises, vous ont donné assez d'espérance pour ne vous pas rebuter.

— Ah! Madame, reprit M. de Nemours, je ne saurais garder le silence que vous m'imposez; vous me faites trop d'injustice et vous me faites trop voir combien vous êtes éloignée d'être prévenue en ma faveur.

— J'avoue, répondit-elle, que les passions peuvent me conduire; mais elles ne sauraient m'aveugler. Rien ne me peut empêcher de connaître que vous êtes né avec toutes les dispositions pour la galanterie et toutes les qualités qui sont propres à y donner des succès heureux. Vous avez déjà eu plusieurs passions, vous en auriez encore; je ne ferais plus votre bonheur; je vous verrais pour une autre comme vous auriez été pour moi. J'en aurais une douleur mortelle et je ne serais pas même assurée de n'avoir point le malheur de la jalousie. Je vous en ai trop dit pour vous cacher que vous me l'avez fait connaître et que je souffris de si cruelles peines le soir que la Reine me donna cette lettre de Mme de Thémines, que l'on disait qui s'adressait à vous, qu'il m'en est demeuré une idée qui me fait croire que c'est le plus grand de tous les maux.

Par vanité ou par goût, toutes les femmes souhaitent de vous attacher. Il y en a peu à qui vous ne plaisiez; mon expérience me ferait croire qu'il n'y en a point à qui vous ne puissiez plaire. Je vous croirais toujours amoureux et aimé et je ne me tromperais pas souvent.

Dans cet état néanmoins, je n'aurais d'autre parti à prendre que celui de la souffrance; je ne sais même si j'oserais me plaindre. On fait des reproches à un amant; mais en fait-on à un mari, quand on n'a à lui reprocher que de n'avoir plus d'amour? Quand je pourrais m'accoutumer à cette sorte de malheur, pourrais-je m'accoutumer à celui de croire voir toujours M. de Clèves vous accuser de sa mort, me reprocher de vous avoir aimé, de vous avoir épousé et me faire sentir la différence de son attachement au vôtre? Il est impossible, continua-t-elle, de passer par-dessus des raisons si fortes : il faut que je demeure dans l'état où je suis et dans les résolutions que j'ai prises de n'en sortir jamais.

— Hé! croyez-vous le pouvoir, Madame, s'écria M. de Nemours. Pensez-vous que vos résolutions tiennent contre un homme qui vous adore et qui est assez heureux pour vous plaire? Il est plus difficile que vous ne pensez, Madame, de résister à ce qui nous plaît et à ce qui nous aime. Vous l'avez fait par une vertu austère, qui n'a presque point d'exemple; mais cette vertu ne s'oppose plus à vos sentiments et j'espère que vous les suivrez malgré vous.

— Je sais bien qu'il n'y a rien de plus difficile que ce que j'entreprends, répliqua Mme de Clèves; je me défie de mes forces au milieu de mes raisons. Ce que je crois devoir à la mémoire de M. de Clèves serait faible s'il n'était soutenu par l'intérêt de mon repos; et les raisons de mon repos ont besoin d'être soutenues de celles de mon devoir. Mais, quoique je me défie de moi-même, je crois que je ne vaincrai jamais mes scrupules et je n'espère pas aussi de surmonter l'inclination que j'ai pour vous. Elle me rendra malheureuse et je me priverai de votre vue, quelque violence qu'il m'en coûte. Je vous conjure, par tout le pouvoir que j'ai sur vous, de ne chercher aucune occasion de me voir. Je suis dans un état qui me fait des crimes de tout ce qui pourrait être permis dans un autre temps, et la seule bienséance interdit tout commerce entre nous.

Ibid.

— Quelles sont les deux raisons opposées qui, selon Mme de Clèves, expliquent que Nemours lui ait été fidèle jusqu'ici ?

— Ses craintes pour l'avenir sont-elles vraisemblables ?

— Expliquez le sens du mot « galanterie ». Permet-il de comprendre que Mme de Clèves renonce à son amour, c'est-à-dire, en fait, à la vie ?

● CHAPITRE V

LE DIX-HUITIÈME SIÈCLE

● INTRODUCTION

Du point de vue de notre thème, le XVIIIᵉ siècle est presque un désert jusqu'à *La Nouvelle Héloïse* (1761). La littérature du temps reflète les pratiques de l'aristocratie, en qui triomphe le libertinage, au sens moderne de ce mot. Les petits-maîtres, sous la Régence les roués, poussent la galanterie jusqu'à la débauche, et les romans de Crébillon, de Duclos, etc., content comment les intrigues amoureuses, où la vanité trouve son compte plus encore que les sens, se nouent et se dénouent entre les libertins et les femmes faciles. La galanterie est soumise à des règles comme la guerre et la chasse, elle relève d'un code, elle est la grande affaire d'un monde de parasites qui ne peut plus donner aucun sens à sa vie. C'est cette société que décrivent *Les Liaisons dangereuses* à la veille de la Révolution. L'élégance des manières, l'art de bien dire, la clairvoyance psychologique donnent aux libertins de Laclos un grand charme qui pourtant ne peut masquer leur sécheresse inhumaine, leur cruauté de grands fauves.

Ce siècle a su pourtant peindre les grandes passions ; mais l'influence janséniste reste forte, en raison même de la corruption morale des classes dirigeantes. Elle est sensible dans les romans de Prévost. La passion de Des Grieux est l'explosion soudaine d'un instinct qui se produit dès le premier regard ; elle est irréversible, renverse toutes les règles sociales, conduit au malheur, au déshonneur et à la mort. Elle n'inspire sympathie et pitié que parce que la société qui opprime les jeunes amants est atroce. Tout, dans *Manon Lescaut*, relève d'un monde infernal.

Ce pessimisme se retrouve chez divers philosophes. La vie sociale dont ils sont les témoins les conduit à dénier toute réalité à l'amour. Le grave et sévère Buffon écrit : « Il n'y a que le physique de cette passion qui soit bon », et, si étrange soit-il, on ne peut s'empêcher de faire un rapprochement avec le marquis de Sade.

Mais il est un autre courant dans la philosophie des lumières. Tous les philosophes ne jugent pas la nature humaine d'après les mœurs de l'aristocratie de leur temps. Pour eux la passion, qui trouve sa source dans les besoins de la nature, est bonne, dans la mesure où elle ne contribue pas à rompre les liens sociaux. C'est dans ce courant que se situe Diderot, qui rejette la morale religieuse et s'efforce de construire une autre morale qui reconnaisse un caractère légitime à la passion. Rousseau, pour sa part, se refuse à séparer morale et religion, mais lui aussi croit que les âmes passionnées sont des âmes fortes et qu'elles sont seules capables de grandes actions.

Dans La *Nouvelle Héloïse* il retrouve, par l'intermédiaire de Pétrarque, le poète le plus fréquemment cité dans le roman, la conception courtoise de l'amour, avec ses images et son vocabulaire. L'amour y est un sentiment contradictoire. C'est d'une part un instinct irrésistible. Saint-Preux a puisé dans les yeux de Julie le poison qui le tue. Mais c'est aussi le résultat d'un choix. La vertu est l'un des plus grands charmes de la personne aimée. Julie et Saint-Preux sont des êtres d'exception ; ils s'aiment parce que chacun d'eux est digne de l'amour de l'autre, et cet amour ne peut durer qu'à condition que la vertu ne soit pas ternie. Sans doute la vertu n'est pas exempte de faiblesse, et Julie cède aux désirs de Saint-Preux ; elle se le reproche ensuite comme un crime, mais l'amour de la vertu n'en reste pas moins dans son cœur. Au demeurant elle est fille, donc libre. Dans la morale de Rousseau la faiblesse d'une fille est plus excusable que les trahisons d'une femme mariée. Julie se donne à celui qui a conquis son cœur, et Saint-Preux serait un misérable s'il le lui reprochait.

Ce qui nous paraît plus contestable, c'est que Julie épouse, non pas son amant, mais un autre homme, et de surcroît un homme âgé. Cette infidélité s'explique par deux raisons. D'abord Julie a peur du temps destructeur. Après la première flambée, la passion satisfaite ne peut plus que décliner et la vie ne vaudrait pas la peine d'être vécue, qui verrait un sentiment aussi intense retomber dans le médiocre et la banalité. Sur le roman pèse encore la vieille idée courtoise selon laquelle l'amour est incompatible avec le mariage. Mais ce n'est pas le plus déterminant. De telles craintes ne sauraient justifier que Julie trahisse son amant. Au reste elle emploie l'argument surtout pour le consoler de son abandon. La vraie raison est que la sensible Julie n'a pu résister aux supplications de son père qui, enfermé dans ses préjugés, mourrait de douleur si sa fille refusait d'honorer les promesses qu'il a faites à son ami.

Ce qui a le plus étonné, c'est que le mari fasse venir auprès de sa femme un homme qui fut son amant. Wolmar est un thaumaturge qui entreprend de guérir Julie et Saint-Preux de leur mal (voir l'extrait : [*Crise passionnelle*]). Mais ce psychologue subtil échoue. Non pas peut-être en ce qui concerne Saint-Preux, qui se déclare à plusieurs reprises guéri, quoiqu'il subisse deux crises qui rendent ses affirmations suspectes. Mais il a affaire en Julie à un être unique, en qui l'amour triomphe jusqu'au bout. Le temps n'a d'ailleurs pas agi sur Saint-Preux de même façon que sur elle. Tandis qu'elle est devenue une mère de famille respectable, vers qui les désirs de son amant ne peuvent plus s'élever comme autrefois, Saint-Preux n'est jamais complètement sorti de l'enfance, et elle n'a aucun mal à retrouver le jeune homme qu'elle aimait. Aussi sa passion continue-t-elle à vivre avec la même intensité, et comme sa vertu d'épouse est inexpugnable, il ne lui reste plus d'autre solution que la mort. Julie est avec la princesse de Clèves et Mme de Mortsauf une de ces héroïnes de l'amour qui ne transigent pas avec leur vertu et qui trouvent dans la mort une délivrance.

La Nouvelle Héloïse est le premier grand livre derrière lequel s'engage toute une littérature romantique selon qui la passion, non seulement n'est pas incompatible avec la noblesse de cœur, mais se trouve liée à elle. C'est, comme *Tristan et Yseut*, un beau conte d'amour et de mort; mais l'adultère y est condamné sans réserve. Comme chez les troubadours, comme chez les poètes de la Renaissance, l'amour, force naturelle, est conté et chanté dans le cadre d'une nature qui s'harmonise avec les sentiments des héros. L'amour n'est donc plus seulement un objet d'analyse, c'est l'inspirateur d'un chant.

[LE MORAL DE L'AMOUR N'EST QUE VANITÉ]

Amour! pourquoi fais-tu l'état heureux de tous les êtres et le malheur de l'homme?

C'est qu'il n'y a que le physique de cette passion qui soit bon; c'est que, malgré ce que peuvent dire les gens épris, le moral n'en vaut rien. Qu'est-ce en effet que le moral de l'amour? la vanité : vanité dans le plaisir de la conquête, erreur qui vient de ce qu'on en fait trop de cas; vanité dans le désir de conserver exclusivement un état malheureux qu'accompagne toujours la jalousie, petite passion, si basse qu'on voudrait la cacher; vanité dans la manière d'en jouir, qui fait qu'on ne multiplie que ses gestes ou ses efforts sans multiplier ses plaisirs; vanité même dans la façon même de la perdre; on veut rompre le premier, car si l'on est quitté, quelle humiliation! et cette humiliation se tourne en désespoir, lorsqu'on vient à reconnaître qu'on a été longtemps dupe et trompé.

Les animaux ne sont point sujets à toutes ces misères; ils ne cherchent pas des plaisirs où il ne peut y en avoir : guidés par le sentiment seul, ils ne se trompent jamais dans leur choix; leurs désirs sont toujours proportionnés à la puissance de jouir; ils sentent autant qu'ils jouissent, et ne jouissent qu'autant qu'ils sentent. L'homme, au contraire, en voulant inventer des plaisirs, n'a fait que gâter la nature; en voulant se forcer sur le sentiment, il ne fait qu'abuser de son être, et creuser dans son cœur un vide que rien n'est capable de remplir.

Buffon, *Œuvres*, t. III, p. 21-22, Pillot, Paris, 1837.

[L'ENTHOUSIASME POUR LA VERTU
EST FAVORABLE A L'AMOUR]

> Tous les peuples parmi lesquels les femmes étaient ver-
> tueuses et respectées ont accompli de grandes choses.

Je dirai davantage, et je soutiens que la vertu
n'est pas moins favorable à l'amour qu'aux autres
droits de la nature et que l'autorité des maîtresses
n'y gagne pas moins que celle des femmes et des mères.
Il n'y a point de véritable amour sans enthousiasme
et point d'enthousiasme sans un objet de perfection
réel ou chimérique, mais toujours existant dans l'imagination. De quoi s'enflammeront des amants pour
qui cette perfection n'est plus rien, et qui ne voient
dans ce qu'ils aiment que l'objet du plaisir des sens?
Non, ce n'est pas ainsi que l'âme s'échauffe et se livre
à ces transports sublimes qui font le délire des amants
et le charme de leur passion. Tout n'est qu'illusion
dans l'amour, je l'avoue; mais ce qui est réel ce sont
les sentiments dont il nous anime pour le vrai beau
qu'il nous fait aimer. Ce beau n'est point dans l'objet
qu'on aime, il est l'ouvrage de nos erreurs. Eh !
qu'importe? En sacrifie-t-on moins tous ses sentiments
bas à ce modèle imaginaire? En pénètre-t-on moins
son cœur des vertus qu'on prête à ce qu'il chérit?
S'en détache-t-on moins de la bassesse du moi humain?
Où est le véritable amant qui n'est pas prêt à immoler
sa vie à sa maîtresse, et où est la passion sensuelle
et grossière dans un homme qui veut mourir? Nous
nous moquons des Paladins! c'est qu'ils connaissaient
l'amour et que nous ne connaissons plus que la
débauche. Quand ces maximes romanesques commencèrent à devenir ridicules, ce changement fut moins
l'ouvrage de la raison que celui des mauvaises mœurs.

J.-J. Rousseau,
L'Émile, livre V, édition Pléiade, p. 743.

[JOIES D'UN AMOUR INNOCENT]

Julie a dû avouer à son amant qu'elle l'aime et se croit pour cela déshonorée. Celui-ci laisse exploser sa joie :

Puissances du Ciel! j'avais une âme pour la douleur, donnez-m'en une pour la félicité. Amour, vie de l'âme, viens soutenir la mienne prête à défaillir. Charme inexprimable de la vertu! Force invincible de la voix de ce qu'on aime! bonheur, plaisirs, transports, que vos traits sont poignants! qui peut en soutenir l'atteinte? O comment suffire au torrent de délices qui vient inonder mon cœur! comment expier les alarmes d'une craintive amante? Julie... non! ma Julie à genoux! ma Julie verser des pleurs! celle à qui l'univers devrait des hommages supplier un homme qui l'adore de ne pas l'outrager, de ne pas se déshonorer lui-même! si je pouvais m'indigner contre toi je le ferais, pour tes frayeurs qui nous avilissent! juge mieux, beauté pure et céleste, de la nature de ton empire! Eh! si j'adore les charmes de ta personne, n'est-ce pas surtout pour l'empreinte de cette âme sans tache qui l'anime, et dont tous tes traits portent la divine enseigne? Tu crains de céder à mes poursuites? mais quelles poursuites peut redouter celle qui couvre de respect et d'honnêteté tous les sentiments qu'elle inspire? est-il un homme assez vil sur la terre pour oser être téméraire avec toi?

Permets, permets que je savoure le bonheur inattendu d'être aimé... aimé de celle ... trône du monde, combien je te vois au-dessous de moi! Que je la relise mille fois, cette lettre adorable où ton amour et tes sentiments sont écrits en caractères de feu; où, malgré l'emportement d'un cœur agité, je vois avec transport combien dans une âme honnête les passions les plus vives gardent encore le saint caractère de la vertu. Quel monstre, après avoir lu cette touchante lettre, pourrait abuser de ton état, et témoigner par l'acte le plus marqué son profond mépris pour lui-même? Non, chère amante, prends confiance en un ami fidèle qui n'est point fait pour te tromper. Bien que ma raison soit à jamais perdue, bien que le trouble de mes sens s'accroisse à chaque instant, ta personne est désormais pour moi le plus charmant, mais le plus sacré dépôt dont jamais mortel fût honoré. Ma flamme et son objet conserveront ensemble une inaltérable pureté. Je frémirais de porter la main sur tes chastes attraits, plus que du plus vil inceste, et tu n'es pas dans une sûreté plus inviolable avec ton père qu'avec ton amant. O si jamais cet amant heureux s'oublie un moment devant toi... l'amant de Julie aurait une âme abjecte!

Non, quand je cesserai d'aimer la vertu, je ne t'aimerai plus; à ma première lâcheté, je ne veux plus que tu m'aimes.

J.-J. ROUSSEAU,
La Nouvelle Héloïse, 1re Partie, Lettre V.

> Mais l'amant ne pourra pas tenir sa promesse de vouer à Julie un amour chaste. A l'expression de ses désirs et à ses plaintes elle répond en chantant le bonheur idyllique d'un amour qui n'est pas troublé par les orages d'une passion charnelle :

Ah mon ami, que ne puis-je faire passer dans votre âme le sentiment de bonheur et de paix qui règne au fond de la mienne! Que ne puis-je vous apprendre à jouir tranquillement du plus délicieux état de la vie! Les charmes de l'union des cœurs se joignent pour nous à ceux de l'innocence; nulle crainte, nulle honte ne trouble notre félicité; au sein des vrais plaisirs de l'amour nous pouvons parler de la vertu sans rougir,

Ev'è il piacer con l'onestade accanto (1)

Je ne sais quel triste pressentiment s'élève dans mon sein et me crie que nous jouissons du seul temps heureux que le Ciel nous ait destiné. Je n'entrevois

---

1. Ce vers est du poète italien Métastase. Il a été traduit ainsi par Rousseau : Et le plaisir s'unit à l'honnêteté.

dans l'avenir qu'absence, orages, troubles, contradictions. La moindre altération à notre situation
présente me paraît ne pouvoir être qu'un mal. Non,
quand un lien plus doux nous unirait à jamais, je
ne sais si l'excès du bonheur n'en deviendrait pas
bientôt la ruine. Le moment de la possession est une
crise de l'amour, et tout changement est dangereux
au nôtre; nous ne pouvons plus qu'y perdre.

Ibid, 1re Partie, Lettre IX.

[NOSTALGIE DE L'INNOCENCE]

Sûre d'elle-même, Julie accorde enfin à son amant un
baiser. Il ne fait que l'enflammer davantage (Lettre XIV).
Et l'épreuve est plus redoutable pour sa propre vertu
qu'elle ne l'imaginait. Pour se sauver, elle fait partir
l'amant, mais elle sera obligée de le rappeler et finira par
succomber. Maintenant le bonheur n'est plus sans tache.
Julie à son amant :

Tes yeux ont vu mes douleurs. Tu crois en avoir
pénétré la source; tu veux me consoler par de vains
discours, et quand tu penses m'abuser, c'est toi,
mon ami, qui t'abuses. Crois-moi, crois-en le cœur
tendre de ta Julie; mon regret est bien moins d'avoir
donné trop à l'amour que de l'avoir privé de son
plus grand charme. Ce doux enchantement de vertu
s'est évanoui comme un songe : nos feux ont perdu
cette ardeur divine qui les animait en les épurant;
nous avons recherché le plaisir et le bonheur a fui
loin de nous. Ressouviens-toi de ces moments délicieux où nos cœurs s'unissaient d'autant mieux que
nous nous respections davantage, où la passion tirait
de son propre excès la force de se vaincre elle-même,
où l'innocence nous consolait de la contrainte, où les
hommages rendus à l'honneur tournaient tous au
profit de l'amour. Compare un état si charmant à
notre situation présente : que d'agitations! que

d'effroi! que de mortelles alarmes! que de sentiments immodérés ont perdu leur première douceur! Qu'est devenu ce zèle de sagesse et d'honnêteté dont l'amour animait toutes les actions de notre vie, et qui rendait à son tour l'amour plus délicieux? Notre jouissance était paisible et durable; nous n'avons plus que des transports : ce bonheur insensé ressemble à des accès de fureur plus qu'à de tendres caresses. Un feu pur et sacré brûlait nos cœurs; livrés aux erreurs des sens, nous ne sommes plus que des amants vulgaires; trop heureux si l'amour jaloux daigne présider encore à des plaisirs que le plus vil mortel peut goûter sans lui.

Ibid., 1re Partie, Lettre XXXII.

[LA POSSESSION ENRICHIT L'AMOUR]

Pourtant dans la possession les amants connaissent d'autres joies qui ne sont pas seulement celles des sens.

Oh mourons, ma douce amie! mourons, la bien aimée de mon cœur! Que faire désormais d'une jeunesse insipide dont nous avons épuisé toutes les délices? Explique-moi, si tu le peux, ce que j'ai senti dans cette nuit inconcevable; donne-moi l'idée d'une vie ainsi passée, ou laisse-m'en quitter une qui n'a plus rien de ce que je viens d'éprouver avec toi. J'avais goûté le plaisir, et croyais concevoir le bonheur. Ah, je n'avais senti qu'un vain songe et n'imaginais que le bonheur d'un enfant! Mes sens abusaient mon âme grossière; je ne cherchais qu'en eux le bien suprême, et j'ai trouvé que leurs plaisirs épuisés n'étaient que le commencement des miens. O chef-d'œuvre unique de la nature! Divine Julie! possession délicieuse à laquelle tous les transports du plus ardent amour suffisent à peine! Non, ce ne sont point ces transports que je regrette le plus : ah non! retire, s'il le faut, ces faveurs enivrantes pour lesquelles je donnerais mille vies; mais rends-moi tout ce qui n'était point elles, et les effaçait mille fois. Rends-moi cette étroite union des âmes, que tu m'avais annoncée et que tu m'as bien fait goûter. Rends-moi cet abattement si doux rempli par les effusions de nos cœurs; rends-moi ce sommeil enchanteur trouvé sur ton sein; rends-moi ce réveil plus délicieux encore, et ces soupirs entrecoupés, et ces douces larmes, et ces baisers qu'une voluptueuse langueur nous faisait lentement savourer, et ces gémissements si tendres, durant lesquels tu pressais sur ton cœur ce cœur fait pour s'unir à lui.

Dis-moi, Julie, toi qui d'après ta propre sensibilité sais si bien juger de celle d'autrui, crois-tu que ce que je sentais auparavant fût véritablement de l'amour? Mes sentiments, n'en doute pas, ont depuis hier changé de nature; ils ont pris je ne sais quoi de moins impétueux, mais de plus doux, de plus tendre et de plus charmant. Te souvient-il de cette heure entière que nous passâmes à parler paisiblement de notre amour et de cet avenir obscur et redoutable, par qui le présent nous était encore plus sensible; de cette heure, hélas, trop courte dont une légère empreinte de tristesse rendit les entretiens si touchants? J'étais tranquille, et pourtant j'étais près de toi; je t'adorais et ne désirais rien. Je n'imaginais pas même une autre félicité, que de sentir ainsi ton visage auprès du mien, ta respiration sur ma joue, et ton bras autour de mon cou. Quel calme dans tous mes sens! Quelle volupté pure, continue, universelle! Le charme de la jouissance était dans l'âme; il n'en sortait plus; il durait toujours. Quelle différence des fureurs de l'amour à une situation si paisible! C'est la première fois de mes jours que je l'ai éprouvée auprès de toi; et cependant, juge du changement étrange que j'éprouve; c'est de toutes les heures de ma vie, celle qui m'est la plus chère, et la seule que j'aurais voulu prolonger éternellement. Julie, dis-moi donc si je ne t'aimais point auparavant, ou si maintenant je ne t'aime plus?

Ibid., 1re Partie, Lettre LV.

Commentaire

Julie s'est déjà donnée (voir I, 29). Mais c'est la première nuit d'amour qu'ils connaissent. Il y a contraste entre la lettre précédente où s'exprimait la violence presque frénétique du désir, et l'apaisement qui règne dans celle-ci.

Le cri initial produit un effet de choc. L'amour s'y trouve mêlé à la mort : cette nuit n'aura pas de lendemain digne d'elle, mieux vaut mourir que redescendre. La violence de ce cri est atténuée par les expressions de la tendresse : ma douce amie, la bien-aimée de mon cœur. La première impression est celle de la surprise : il croyait que c'était les sens qui donnaient le plaisir et qu'après la possession il y avait appauvrissement. Or le plaisir des sens n'est qu'illusion auprès de ce qui le suit. Le vrai bonheur est dans l'union des cœurs, délivrés, par la possession, de l'impatience du désir. L'amant s'arrête alors pour chanter sa reconnaissance à celle qui lui a fait connaître ce monde enchanté. Il la divinise. Il oppose les « transports » (plus loin « les fureurs ») aux « délices » de l'union des âmes. Les transports ne sont pas reniés, mais ils sont effacés « mille fois » par les délices. Le paragraphe s'achève par une description du bonheur de cette nuit. Elle contient des éléments sensuels, mais c'est une sensualité apaisée, et la fin fait sonner deux fois le mot « cœur » qui se trouvait déjà au début.

Le premier paragraphe est plus lyrique, le second plus analytique. L'amant demande à Julie, qui est souvent des deux la plus lucide, la plus raisonnable, la plus pondérée, de lui expliquer ses sentiments. Ils ont par la possession changé de nature : on n'aime jamais deux fois de la même façon. Ce sont la douceur, la tendresse qui caractérisent cette nuit. Et c'est la durée qui a fait leur bonheur. Le temps a été vaincu, alors que les plaisirs des sens sont éphémères et ne dépassent pas l'instant. Seules les sombres perspectives du futur assombrissaient cette heure. Le désir ne troublait plus le bonheur. L'union était totale. Le plaisir était aussi celui des corps (volupté... universelle), mais dans l'apaisement.

Cet état, il l'a connu pour la première fois. Il y a donc progrès du sentiment amoureux; il a atteint un sommet nouveau, qui est le véritable bonheur. Si bien que l'amant pose la question : aimais-je donc auparavant? Mais c'est une fausse question. Son amour s'est seulement enrichi.

A chaque étape de l'histoire de cette passion, il y a quelque chose de nouveau, d'inoubliable et qui ne reviendra plus. Après les premiers temps de l'idylle innocente où le désir était contenu, la première capitulation de Julie est apparue comme une chute. Mais elle préparait un nouvel épanouissement. Une telle page fut considérée à l'époque comme immorale. En fait Rousseau est très loin du libertinage de son temps, qui n'est que l'envers du puritanisme, reposant comme lui sur le sentiment que le mal est dans l'union physique. Pour Rousseau la sensualité est dans la nature, donc elle est bonne. Elle est assumée, et ses amants sont sensuels. Mais elle est dépassée. Le vrai bonheur est dans un plaisir spiritualisé qui ne renie pas la volupté sensuelle mais s'élève beaucoup plus haut.

Cette page est profondément originale; elle célèbre l'amour heureux, chose très rare dans la littérature. On a surtout chanté soit l'amour malheureux, soit le plaisir sensuel. Rousseau chante le plaisir du sentiment amoureux, avec son immense talent de prosateur, son art du rythme et de l'harmonie.

[LE VÉRITABLE AMOUR NE PEUT DURER SANS LA VERTU]

Julie a cédé à son père qui la destinait à un autre, M. de Wolmar. Mariée, elle écrit à son amant une longue lettre où elle récapitule l'histoire de leur amour. Il doit subsister, mais à condition de s'épurer.

Tout est changé entre nous; il faut nécessairement que votre cœur change. Julie de Wolmar n'est plus votre ancienne Julie; la révolution de vos sentiments pour elle est inévitable, et il ne vous reste que le choix de faire honneur de ce changement au vice ou à la vertu. J'ai dans la mémoire un passage d'un auteur que vous ne récuserez pas (1). « L'amour » dit-il « est

---

1. Elle cite une lettre de son amant : I, 24.

privé de son plus grand charme quand l'honnêteté l'abandonne. Pour en sentir le prix, il faut que le cœur s'y complaise et qu'il nous élève en élevant l'objet aimé. Otez l'idée de la perfection vous ôtez l'enthousiasme; ôtez l'estime et l'amour n'est plus rien. Comment une femme honorera-t-elle un homme qu'elle doit mépriser? Comment pourra-t-il honorer lui-même celle qui n'a pas craint de s'abandonner à un vil corrupteur? Ainsi bientôt ils se mépriseront mutuellement. L'amour, ce sentiment céleste, ne sera plus pour eux qu'un honteux commerce. Ils auront perdu l'honneur et n'auront point trouvé la félicité ». Voilà notre leçon, mon ami, c'est vous qui l'avez dictée. Jamais nos cœurs s'aimèrent-ils plus délicieusement, et jamais l'honnêteté leur fut-elle aussi chère que dans les temps heureux où cette lettre fut écrite? Voyez donc à quoi nous mèneraient aujourd'hui de coupables feux nourris aux dépens des plus doux transports qui ravissent l'âme. L'horreur du vice qui nous est si naturelle à tous deux s'étendrait bientôt sur le complice de nos fautes; nous nous haïrions pour nous être trop aimés, et l'amour s'éteindrait dans les remords. Ne vaut-il pas mieux épurer un sentiment si cher pour le rendre durable? Ne vaut-il pas mieux en conserver au moins ce qui peut s'accorder avec l'innocence? N'est-ce pas conserver tout ce qu'il eut de plus charmant? Oui, mon bon et digne ami, pour nous aimer toujours il faut renoncer l'un à l'autre. Oublions tout le reste et soyez l'amant de mon âme. Cette idée est si douce qu'elle console de tout.

Ibid., 3e Partie, Lettre XVIII.

— « En conserver au moins ce qui peut s'accorder avec l'innocence. » Montrez que c'est la tentative de Clarens qui est en germe dans ces mots.

— « Soyez l'amant de mon âme. » Que pensez-vous de cette formule?

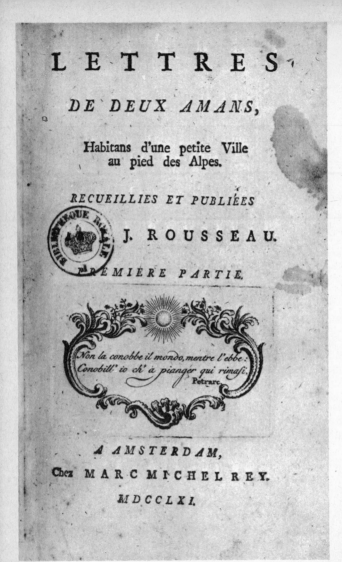

LETTRES

DE DEUX AMANS,

Habitans d'une petite Ville
au pied des Alpes.

RECUEILLIES ET PUBLIÉES

Par J. J. ROUSSEAU.

PREMIÈRE PARTIE.

Non la conobbe il mondo, mentre l'ebbe:
Conobbill' io ch' à pianger qui rimasi.
Petrarc.

A AMSTERDAM,

Chez MARC MICHEL REY.

MDCCLXI.

La Nouvelle Héloïse
Page de titre du 2e tirage de l'édition originale

[CRISE PASSIONNELLE]

Au bout de quatre ans de mariage, Saint-Preux étant revenu d'un voyage autour du monde, M. de Wolmar le convie à venir vivre à Clarens avec sa femme et lui-même, quoiqu'il sache parfaitement la nature des relations des deux amants. Mais il considère que l'amour qui les lie est un sentiment noble sans lequel ils vaudraient moins l'un et l'autre. Il veut leur démontrer qu'ils sont toujours épris et que cependant ils sont guéris sans le savoir de leur passion. En effet Julie mariée et mère de famille n'est plus Julie, la jeune fille qu'aimait Saint-Preux. Celui-ci ne peut plus aimer Mme de Wolmar. Il ne l'aime que dans le passé. Et une femme aussi vertueuse ne peut que reculer d'horreur devant l'adultère. Sa propre démarche n'a donc rien d'imprudent selon lui. Il soumet les amants à une épreuve décisive en partant en voyage et en les laissant en tête à tête. Julie et Saint-Preux vont faire une promenade sur le lac Léman, et ils s'arrêtent au rocher de Meillerie où, au début de leur amour, il a vécu quelque temps dans l'exil, envoyant de là des lettres désespérées à sa maîtresse (I, 26).

Quand nous eûmes atteint ce réduit et que je l'eus quelque temps contemplé : Quoi! dis-je à Julie en la regardant avec un œil humide, votre cœur ne vous dit-il rien ici, et ne sentez-vous point quelque émotion secrète à l'aspect d'un lieu si plein de vous? Alors sans attendre sa réponse, je la conduisis vers le rocher et lui montrai son chiffre gravé dans mille endroits, et plusieurs vers du Pétrarque et du Tasse relatifs à la situation où j'étais en les traçant. En les revoyant moi-même après si longtemps, j'éprouvai combien la présence des objets peut ranimer puissamment les sentiments violents dont on fut agité près d'eux. Je lui dis avec un peu de véhémence : O Julie, éternel charme de mon cœur! Voici les lieux où soupira jadis pour toi le plus fidèle amant du monde. Voici le séjour où ta chère image faisait son bonheur, et préparait celui qu'il reçut de toi-même. On n'y voyait alors ni ces fruits ni ces ombrages : la verdure et les fleurs ne tapissaient point ces compartiments; le cours de ces ruisseaux n'en formait point les divisions; ces oiseaux n'y faisaient point entendre leurs ramages, le vorace épervier, le corbeau funèbre et l'aigle terrible des Alpes faisaient seuls retentir de leurs cris ces cavernes; d'immenses glaces pendaient à tous ces rochers; des festons de neige étaient le seul ornement de ces arbres; tout respirait ici les rigueurs de l'hiver et l'horreur des frimas; les feux seuls de mon cœur me rendaient ce lieu supportable, et les jours entiers s'y passaient à penser à toi. Voilà la pierre où je m'asseyais pour contempler au loin ton heureux séjour; sur celle-ci fut écrite la lettre qui toucha ton cœur; ces cailloux tranchants me servaient de burin pour graver ton chiffre; ici je passai le torrent glacé pour reprendre une de tes lettres qu'emportait un tourbillon; là je vins relire et baiser mille fois la dernière que tu m'écrivis; voilà le bord où d'un œil avide et sombre je mesurais la profondeur de ces abîmes; enfin ce fut ici qu'avant mon triste départ je vins te pleurer mourante et jurer de ne te pas survivre. Fille trop constamment aimée, ô toi pour qui j'étais né! Faut-il me retrouver avec toi dans les mêmes lieux, et regretter le temps que j'y passais à gémir de ton absence? ... j'allais continuer; mais Julie, qui me voyant approcher du bord s'était effrayée et m'avait saisi la main, la serra sans mot dire, en me regardant avec tendresse et retenant avec peine un soupir; puis tout à coup détournant la vue et me tirant par le bras : allons-nous en, mon ami, me dit-elle d'une voix émue, l'air de ce lieu n'est pas bon pour moi. Je partis avec elle en gémissant, mais sans lui répondre, et je quittai pour jamais ce triste réduit, comme j'aurais quitté Julie elle-même.

Ibid., 4e Partie, Lettre XVII.

— Quel est le rôle des objets dans l'afflux des souvenirs?
— La nature est-elle en harmonie avec les sentiments?
Pourquoi est-ce un paysage d'hiver qui est décrit?
— Quel est le sens des derniers mots?

[DERNIER ADIEU]

Voici la lettre posthume de Julie à Saint-Preux :

Il faut renoncer à nos projets. Tout est changé, mon bon ami; souffrons ce changement sans murmure; il vient d'une main plus sage que nous. Nous songions à nous réunir : cette réunion n'était pas bonne. C'est un bienfait du Ciel de l'avoir prévenue; sans doute il prévient des malheurs.

Je me suis longtemps fait illusion. Cette illusion me fut salutaire; elle se détruit au moment que je n'en ai plus besoin. Vous m'avez crue guérie, et j'ai cru l'être. Rendons grâce à celui qui fit durer cette erreur autant qu'elle était utile; qui sait si me voyant près de l'abîme, la tête ne m'eût point tourné? Oui, j'eus beau vouloir étouffer le premier sentiment qui m'a fait vivre, il s'est concentré dans mon cœur. Il s'y réveille au moment qu'il n'est plus à craindre; il me soutient quand mes forces m'abandonnent; il me ranime quand je me meurs. Mon ami, je fais cet aveu sans honte; ce sentiment resté malgré moi fut involontaire, il n'a rien coûté à mon innocence; tout ce qui dépend de ma volonté fut pour mon devoir. Si le cœur qui n'en dépend pas fut pour vous, ce fut mon tourment et non pas mon crime. J'ai fait ce que j'ai dû faire; la vertu me reste sans tache, et l'amour m'est resté sans remords.

J'ose m'honorer du passé; mais qui m'eût pu répondre de l'avenir? Un jour de plus, peut-être, et j'étais coupable! Qu'était-ce de la vie entière passée avec vous? Quels dangers j'ai courus sans le savoir! A quels dangers plus grands j'allais être exposée! Sans doute je sentais pour moi les craintes que je croyais sentir pour vous. Toutes les épreuves ont été faites, mais elles pouvaient trop revenir. N'ai-je pas assez vécu pour le bonheur et pour la vertu? Que me restait-il d'utile à tirer de la vie? En me l'ôtant le Ciel ne m'ôte plus rien de regrettable, et met mon honneur à couvert. Mon ami, je pars au moment favorable; contente de vous et de moi; je pars avec joie, et ce départ n'a rien de cruel. Après tant de sacrifices je compte pour peu celui qui me reste à faire : Ce n'est que mourir une fois de plus ...

Julie conseille à son amant d'épouser Claire, et lui recommande son mari et ses enfants. Elle termine ainsi :

Adieu, adieu, mon doux ami ... Hélas! j'achève de vivre comme j'ai commencé. J'en dis trop, peut-être, en ce moment où le cœur ne déguise plus rien ... Eh pourquoi craindrais-je d'exprimer tout ce que je sens? Ce n'est plus moi qui te parle; je suis déjà dans les bras de la mort. Quand tu verras cette lettre, les vers rongeront le visage de ton amante, et son cœur où tu ne seras plus. Mais mon âme existerait-elle sans toi, sans toi quelle félicité goûterais-je? Non, je ne te quitte pas, je vais t'attendre. La vertu qui nous sépara sur la terre, nous unira dans le séjour éternel. Je meurs dans cette douce attente. Trop heureuse d'acheter au prix de ma vie le droit de t'aimer toujours sans crime, et de te le dire encore une fois.

Ibid., 6e Partie, Lettre XII.

> — Comparez cette lettre avec la lettre posthume de Mme de Mortsauf dans *Le Lys dans la vallée*.
> — Montrez que l'amour triomphe de la mort, comme dans *Tristan*.

● CHAPITRE VI

LE DIX-NEUVIÈME SIÈCLE

● INTRODUCTION

1. LE ROMANTISME ET LE RÊVE

La Nouvelle Héloïse et *Werther* peuvent être considérées comme les deux grandes œuvres qui, dans la seconde moitié du XVIIIᵉ siècle, ont rendu aux amours chastes et sublimées par l'obstacle la dignité littéraire. Après ces deux romans s'amorce, d'abord chez les romantiques allemands, un mouvement de retour à Dante, aux paladins du Moyen Age, à Platon.

Hölderlin, précepteur chez le banquier Gondard, s'éprend de sa femme Suzette. Elle devient, dans le roman *Hypérion*, Diotima, dont le nom est emprunté au *Banquet* de Platon. Séparé de Diotima, d'abord par la colère du mari, puis par la mort de la jeune femme, il continue à célébrer son culte et sa poésie la transforme en déesse. Novalis consacre ses *Hymnes à la Nuit* (1800) à sa fiancée Sophie von Kühn, qui est morte à l'âge de quinze ans après une longue maladie. « Ce que j'éprouve pour Sophie n'est pas de l'amour mais de la religion » dit-il.

Il rêve de mourir pour rejoindre la bien-aimée, et les *Hymnes à la Nuit* sont des hymnes à la mort. L'amour humain, pour lui, est un avant-goût de l'amour divin, le pressentiment de l'union totale, de la dissolution de l'individu dans une réalité plus vaste. Hoffmann, lui aussi, fait de Julia Marc une créature unique et mystérieuse et attend la mort qui lui permettra de la retrouver. Chez les romantiques allemands l'hymne à la femme aimée est donc souvent l'hymne à une morte avec laquelle on ne peut plus espérer qu'une union purement spirituelle, dans l'au-delà. Il y a en eux une religiosité, une propension au rêve, une aspiration à l'idéal, qui ne peut que désincarner l'amour. Par eux Béatrice redevient une image qui inspire et dont l'influence se fait sentir à travers le siècle. Nombreux sont ceux qui, dans la vie, et non seulement dans la littérature, ont eu leur Béatrice. Par exemple Kierkegaard, qui rompt avec sa fiancée Régine Olsen, quoique son amour soit partagé, et qui écrira toute son œuvre en pensant à Régine. C'est que, selon lui, « la femme inspire l'homme aussi longtemps qu'il ne la possède pas ». Et il précise que beaucoup d'hommes sont devenus des génies, des héros ou des saints grâce à une jeune fille, mais jamais par celle dont ils ont obtenu la main (1).

En France aussi, à l'époque romantique, l'image de la femme inspiratrice et guide de l'homme se retrouve avec des nuances diverses. Enfantin, disciple de Saint-Simon, tente de fonder une église qui sera sous la direction d'un couple sacerdotal : un Père, qui est lui-même, et une Mère, qui doit venir révéler au monde une nouvelle loi morale. Ses idées fort confuses s'expriment dans les lignes suivantes :

« Nous avons oublié cette divine influence de la dame du Moyen Age ou de la vierge chrétienne sur la vie du page et du chevalier : nous ne savons plus ce que pouvaient commander de dévouement sans espoir une écharpe, un regard et à peine un sourire; mais nous ignorons surtout la puissance d'une vertueuse caresse; il n'en est point pour nous, notre chair est plus souillée encore que notre esprit, et cette seule idée épouvante un monde qui ignore encore le pouvoir social, religieux et moral que l'avenir réserve à la beauté » (2).

---

1. *Le Banquet*, trad. Tisseau, Alcan 1933, p. 109-110.
2. 5ᵉ enseignement d'Enfantin, 1831. Cité par Charléty, *Enfantin*, Alcan 1930, p 52.

L'amour doit régénérer l'humanité. Mais ce n'est pas pour Enfantin un amour platonique, c'est un amour total. Il prétend réhabiliter la chair, qui doit toutefois rester dominée par l'esprit. Il ne croit pas que la femme puisse être affranchie si elle reste soumise à la loi de fidélité. Un schisme se produit alors dans l'Église saint-simonienne, certains accusant Enfantin de préconiser la communauté des femmes. Il se défend en affirmant que la femme Messie qui doit venir à ses côtés établira une loi morale qui délimitera nettement de la promiscuité, la nécessaire mobilité du mariage.

Mais le fauteuil de cette femme Messie, « sibylle de l'avenir », est toujours resté vide à ses côtés.

Partout dans la poésie romantique l'amour est idéalisé. Le platonisme imprègne la poésie de Lamartine dans ses premiers recueils :

« Comme deux rayons de l'aurore,
Comme deux soupirs confondus,
Nos deux âmes ne forment plus
Qu'une âme, et je soupire encore! »

Souvenir, in *Méditations poétiques*.

Si l'on trouve chez Vigny des imprécations contre la femme *(La Colère de Samson)*, les idées saint-simoniennes s'expriment dans *La Maison du berger*. Mais c'est surtout Nerval qui idéalise la femme à l'exemple des romantiques allemands. Dans sa folie il identifie les femmes qu'il a aimées à sa mère, à la Vierge, à Isis et aux divinités orientales. Comme Béatrice, la femme aimée, pour Nerval, est une rédemptrice. Le poète est tourmenté par l'idée d'une faute mystérieuse qu'il a commise à l'égard de Jenny Colon, comme la créature a péché contre Dieu. Sa folie est une expiation qui aura sa récompense, et Aurélia est le guide de son salut.

Les poèmes que Baudelaire consacre à Mme Sabatier restent dans cette tradition romantique.

2. Idéalisme et réalité

Dans presque tous les cas qui précèdent il y a une rupture du couple : rupture forcée par la mort, renoncement aux réalités de l'amour terrestre dans la vie de Kierkegaard, rupture avec la vie réelle par la folie de Nerval. Le sentiment s'épure et s'idéalise dans le souvenir. Le contact avec le réel lui est funeste. Lorsque Mme Sabatier accepte de devenir la maîtresse de Baudelaire, elle cesse immédiatement d'être une idole.

Le roman, genre littéraire qui intègre la durée, peint à diverses reprises au XIXe siècle un amour idéalisé qui tente de se prolonger tout en restant chaste.

Le premier en date est *Volupté* de Sainte-Beuve (1834). Le héros, Amaury, se trouve pris entre la tendre adoration qu'il éprouve pour Mme de Couaën, et les désirs de la chair qu'il satisfait en des lieux inavouables. L'héroïne est une mère de famille inaccessible. Elle répond cependant à l'amour d'Amaury et exige qu'il reste auprès d'elle en adorateur respectueux. Comme la situation est intenable pour lui et qu'il se montre infidèle, elle en meurt. Le roman est aujourd'hui difficile à lire, encombré qu'il est de dissertations morales. Les indécisions gémissantes d'Amaury exaspèrent. Mme de Couaën est une figure angélique, ce n'est pas une femme. Elle ne vit pas. Le principal intérêt littéraire de *Volupté* est aujourd'hui d'avoir servi de modèle au chef-d'œuvre de Balzac : *Le Lys dans la vallée*.

Avec *Dominique* et *L'Éducation sentimentale*, *Le Lys* comporte un élément commun. Dans les trois cas l'héroïne est une femme mariée attachée à ses devoirs et dont la vertu ne laisse pas d'espoir à l'amant. Cependant elle aime éperdument. Dans les trois cas l'amour se sublime dans la souffrance. Le mariage apparaît comme une oppression. Si M. de Nièvres est un homme du monde distingué, il se comporte en propriétaire de sa femme. Quant à M. de Mortsauf et au sieur Arnoux, ils sont, l'un, un dégénéré, l'autre, un escroc. Les trois femmes sont, plus ou moins, des victimes de la situation qui est faite à leur sexe dans une société où les rapports juridiques du mariage sont définis par le code Napoléon. Quant au héros, il joue chaque fois un rôle médiocre. Cet amour sublimé ne peut durer que par les faiblesses de l'amant. Félix, sorti de l'enfance, fait deux parts dans sa vie, et avec un égoïsme pharisien, il prétend continuer à pétrarquiser avec Henriette, tandis qu'il cueille les plaisirs que lui dispense généreusement Arabelle. Henriette en meurt, et c'est pourquoi *Le Lys* est sans doute l'œuvre qui, au XIXe siècle, dépeint de la façon la plus dramatique l'esclavage féminin. *Dominique* est un aboulique qui passe alternativement de la froideur distante à une cour insistante mais sans issue puisqu'il recule lui-même d'horreur à l'idée de rendre Madeleine adultère. Ses tergiversations n'aboutissent qu'à briser Madeleine en l'arrachant à la vie paisible qu'elle connaissait dans un mariage sans amour. Quant à Frédéric Moreau, l'homme de toutes les lâchetés, son grand amour est avili par toutes sortes de mesquineries et de trahisons. Avec lui l'amour pétrarquiste est totalement dépouillé de tout prestige. Les sentiments chevaleresques deviennent risibles, ils ne supportent pas le contact de la réalité bourgeoise que dépeint Flaubert.

[LA CRISTALLISATION]

On se plaît à orner de mille perfections une femme de laquelle on est sûr; on se détaille tout son bonheur avec une complaisance infinie. Cela se réduit à s'exagérer une propriété superbe, qui vient de nous tomber du ciel, que l'on ne connaît pas, et de la possession de laquelle on est assuré.

Laissez travailler la tête d'un amant pendant vingt-quatre heures, et voici ce que vous trouverez :

Aux mines de sel de Salzbourg, on jette, dans les profondeurs abandonnées de la mine, un rameau d'arbre effeuillé par l'hiver; deux ou trois mois après on le retire couvert de cristallisations brillantes : les plus petites branches, celles qui ne sont pas plus grosses que la patte d'une mésange, sont garnies d'une infinité de diamants, mobiles et éblouissants, on ne peut plus reconnaître le rameau primitif.

Ce que j'appelle cristallisation, c'est l'opération de l'esprit, qui tire de tout ce qui se présente la découverte que l'objet aimé a de nouvelles perfections.

Un voyageur parle de la fraîcheur des bois d'orangers à Gênes, sur le bord de la mer, durant les jours brûlants de l'été; quel plaisir de goûter cette fraîcheur avec elle !

Un de vos amis se casse le bras à la chasse; quelle douceur de recevoir les soins d'une femme qu'on aime ! Être toujours avec elle et la voir sans cesse vous aimant ferait presque bénir la douleur; et vous partez du bras cassé de votre ami, pour ne plus douter de l'angélique bonté de votre maîtresse. En un mot, il suffit de penser à une perfection pour la voir dans ce qu'on aime.

STENDHAL, *De l'Amour*, livre I, chap. II.

> Plus loin Stendhal distingue une seconde cristallisation. Après une période de doute sur les sentiments de la femme aimée, l'amant « commence la seconde cristallisation produisant pour diamants des confirmations à cette idée : Elle m'aime. »

[LA FIN' AMORS VUE PAR STENDHAL]

L'amour eut une singulière forme en Provence, depuis l'an 1100 jusqu'en 1228. Il y avait une législation établie pour les rapports des deux sexes en amour, aussi sévère et aussi exactement suivie que peuvent l'être aujourd'hui les lois du point d'honneur. Celles de l'amour faisaient d'abord abstraction complète des droits sacrés des maris. Elles ne supposaient aucune hypocrisie. Ces lois, prenant la nature humaine telle qu'elle est, devaient produire beaucoup de bonheur.

Il y avait la manière officielle de se déclarer amoureux d'une femme, et celle d'être agréé par elle en qualité d'amant. Après tant de mois de cour d'une certaine façon, on obtenait de lui baiser la main. La société, jeune encore, se plaisait dans les formalités et les cérémonies qui alors montraient la civilisation, et qui aujourd'hui feraient mourir d'ennui. Le même caractère se retrouve dans la langue des Provençaux, dans la difficulté et l'entrelacement de leurs rimes, dans leurs mots masculins et féminins pour exprimer le même objet; enfin dans le nombre infini de leurs poètes. Tout ce qui est forme dans la société, et qui aujourd'hui est si insipide, avait alors toute la fraîcheur et la saveur de la nouveauté.

Après avoir baisé la main d'une femme, on s'avançait

de grade en grade à force de mérite et sans passe-droits. Il faut bien remarquer que si les maris étaient toujours hors de la question, d'un autre côté l'avancement officiel des amants s'arrêtait à ce que nous appellerions les douceurs de l'amitié la plus tendre entre personnes de sexes différents. Mais après plusieurs mois ou plusieurs années d'épreuve, une femme étant parfaitement sûre du caractère et de la discrétion d'un homme, cet homme ayant avec elle toutes les apparences et toutes les facilités que donne l'amitié la plus tendre, cette amitié devait donner à la vertu de bien fortes alarmes.

J'ai parlé de passe-droits, c'est qu'une femme pouvait avoir plusieurs amants, mais un seul dans les grades supérieurs. Il semble que les autres ne pouvaient pas être avancés beaucoup au-delà du degré d'amitié qui consistait à lui baiser la main et à la voir tous les jours...

Tant de publicité et d'officiel dans l'amour semblent au premier aspect ne pas s'accorder avec la vraie passion. Si la dame disait à son servant : Allez pour l'amour de moi visiter la tombe de Notre Seigneur Jésus-Christ à Jérusalem, vous y passerez trois ans et reviendrez ensuite; l'amant partait aussitôt : hésiter un instant l'aurait couvert de la même ignominie qu'aujourd'hui une faiblesse sur le point d'honneur. La langue de ces gens-là a une finesse extrême pour rendre les nuances les plus fugitives du sentiment. Une autre marque que ces mœurs étaient fort avancées sur la route de la véritable civilisation, c'est qu'à peine sortis des horreurs du Moyen Age, et de la féodalité où la force était tout, nous voyons le sexe le plus faible moins tyrannisé qu'il ne l'est légalement aujourd'hui; nous voyons les pauvres et faibles créatures qui ont le plus à perdre en amour et dont les agréments disparaissent le plus vite, maîtresses du destin des hommes qui les approchent. Un exil de trois ans en Palestine, le passage d'une civilisation pleine de gaieté au fanatisme et à l'ennui d'un camp de croisés devaient être pour tout autre qu'un chrétien exalté, une corvée fort pénible.

Que peut faire à son amant une femme lâchement abandonnée par lui à Paris?

Il n'y a qu'une réponse que je vois d'ici : aucune femme de Paris qui se respecte n'a d'amant. On voit que la prudence a droit de conseiller bien plus aux femmes d'aujourd'hui de ne pas se livrer à l'amour-passion. Mais une autre prudence qu'assurément je suis loin d'approuver, ne leur conseille-t-elle pas de se venger avec l'amour-physique? Nous avons gagné à notre hypocrisie et à notre ascétisme non pas un hommage rendu à la vertu, l'on ne contredit jamais impunément la nature, mais qu'il y a moins de bonheur sur la terre et infiniment moins d'inspirations généreuses.

Un amant qui, après dix ans d'intimité, abandonnait sa pauvre maîtresse parce qu'il s'apercevait qu'elle avait trente-deux ans, était perdu d'honneur dans l'aimable Provence; il n'avait d'autre ressource que de s'enterrer dans la solitude d'un cloître. Un homme non pas généreux, mais simplement prudent, avait donc intérêt à ne pas jouer alors plus de passion qu'il n'en avait.

De l'Amour, chap. LI.

[L'ÉCLOSION DE L'AMOUR]

> Félix de Vandenesse a eu une enfance solitaire, privée d'affection maternelle. Il s'est réfugié dans les rêves et a été longtemps amoureux d'une étoile. A dix-neuf ans, il reste un enfant, retardé physiquement. Il assiste, à Tours, à un bal où il représente sa famille.

Trompée par ma chétive apparence, une femme me prit pour un enfant prêt à s'endormir en attendant le bon plaisir de sa mère, et se posa près de moi par un mouvement d'oiseau qui s'abat sur son nid. Aussitôt, je sentis un parfum de femme qui brilla dans mon âme comme y brilla depuis la poésie orientale. Je regardai ma voisine, et fus plus ébloui par elle que je ne l'avais été par la fête; elle devint toute ma fête. Si vous avez bien compris ma vie antérieure, vous devinerez les sentiments qui sourdirent en mon cœur. Mes yeux furent tout à coup frappés par de blanches épaules rebondies sur lesquelles j'aurais voulu pouvoir me rouler, des épaules légèrement rosées qui semblaient rougir comme si elles se trouvaient nues pour la première fois, de pudiques épaules qui avaient une âme, et dont la peau satinée éclatait à la lumière comme un tissu de soie. Ces épaules étaient partagées par une raie, le long de laquelle coula mon regard, plus hardi que ma main. Je me haussai tout palpitant pour voir le corsage et fus complètement fasciné par une gorge chastement couverte d'une gaze, mais dont les globes azurés et d'une rondeur parfaite étaient douillettement couchés dans des flots de dentelle. Les plus légers détails de cette tête furent des amorces qui réveillèrent en moi des jouissances infinies : le brillant des cheveux lissés au-dessus du cou velouté comme celui d'une petite fille, les lignes blanches que le peigne y avait dessinées et où mon imagination courut comme en de frais sentiers, tout me fit perdre l'esprit. Après m'être assuré que personne ne me voyait, je me plongeai dans ce dos comme un enfant qui se jette dans le sein de sa mère, et je baisai toutes ces épaules en y roulant ma tête. Cette femme poussa un cri perçant, que la musique empêcha d'entendre; elle se retourna, me vit et me dit : — Monsieur!...

Ah! si elle avait dit : « Mon petit bonhomme, qu'est-ce qui vous prend donc? » je l'aurais tuée peut-être; mais à ce *Monsieur!* des larmes chaudes jaillirent de mes yeux. Je fus pétrifié par un regard animé d'une sainte colère, par une tête sublime couronnée d'un diadème de cheveux cendrés, en harmonie avec ce dos d'amour. La pourpre de la pudeur offensée étincela sur son visage, que désarmait déjà le pardon de la femme qui comprend une frénésie dont elle est le principe, et devine des adorations infinies dans les larmes du repentir. Elle s'en alla par un mouvement de reine. Je sentis alors le ridicule de ma position;

alors seulement, je compris que j'étais fagoté comme le singe d'un Savoyard. J'eus honte de moi. Je restai tout hébété, savourant la pomme que je venais de voler, gardant sur mes lèvres la chaleur de ce sang que j'avais aspiré, et suivant du regard cette femme descendue des cieux. Saisi par le premier aspect charnel de la grande fièvre du cœur, j'errai dans le bal devenu désert, sans pouvoir y retrouver mon inconnue. Je revins me coucher métamorphosé.

Une âme nouvelle, une âme aux ailes diaprées avait brisé sa larve. Tombée des steppes bleues où je l'admirais, ma chère étoile s'était donc faite femme en conservant sa clarté, ses scintillements et sa fraîcheur. J'aimai soudain sans rien savoir de l'amour. N'est-ce pas une étrange chose que cette première irruption du sentiment le plus vif de l'homme? J'avais rencontré dans le salon de ma tante quelques jolies femmes, aucune ne m'avait causé la moindre impression. Existe-t-il donc une heure, une conjonction d'astres, une réunion de circonstances expresses, une certaine femme entre toutes, pour déterminer une passion exclusive, au temps où la passion embrasse le sexe entier? En pensant que mon élue vivait en Touraine, j'aspirais l'air avec délices, je trouvais au bleu du temps une couleur que je ne lui ai vue nulle part.

BALZAC, *Le Lys dans la vallée.*

— « Si vous avez bien compris ma vie antérieure, vous devinerez les sentiments qui sourdirent en mon cœur. » Expliquez ces mots.
— Relevez les expressions qui signifient déjà l'adoration.
— « J'aimai soudain sans rien savoir de l'amour. » Montrez que la suite du roman est contenue en germe dans cette phrase.

[LE LYS DE CETTE VALLÉE]

Quelques jours après le bal, Félix se rend à pied au château de Frapesle, dans la vallée de l'Indre.

Là se découvre une vallée qui commence à Montbazon, finit à la Loire, et semble bondir sous les châteaux posés sur ces doubles collines; une magnifique coupe d'émeraude au fond de laquelle l'Indre se roule par des mouvements de serpent. A cet aspect je fus saisi d'un étonnement voluptueux que l'ennui des landes ou la fatigue du chemin avait préparé.

— Si cette femme, la fleur de son sexe, habite un lieu dans le monde, ce lieu, le voici.

A cette pensée, je m'appuyai contre un noyer sous lequel, depuis ce jour, je me repose toutes les fois que je reviens dans ma chère vallée. Sous cet arbre confident de mes pensées, je m'interroge sur les changements que j'ai subis pendant le temps qui s'est écoulé depuis le dernier jour où j'en suis parti. Elle demeurait là, mon cœur ne me trompait point : le premier castel que je vis au penchant d'une lande était son habitation. Quand je m'assis sous mon noyer, le soleil du midi faisait pétiller les ardoises de son toit et les vitres de ses fenêtres. Sa robe de percale produisait le point blanc que je remarquai dans ses vignes sous un albergier. Elle était, comme vous le savez déjà, sans rien savoir encore, Le Lys de cette Vallée, où elle croissait pour le ciel en la remplissant du parfum de ses vertus. L'amour infini, sans autre aliment qu'un objet à peine entrevu dont mon âme était remplie, je le trouvais exprimé par ce long ruban d'eau qui ruisselle au soleil entre deux rives vertes, par ces lignes de peupliers qui parent de leurs dentelles mobiles ce val d'amour, par les bois de chênes qui s'avancent entre les vignobles sur ces coteaux que la rivière arrondit toujours différemment, et par ces horizons estompés qui fuient en se contrariant. Si vous voulez voir la nature belle et vierge comme une fiancée, allez là par un jour de printemps; si vous voulez calmer les plaies saignantes de votre cœur, revenez-y par les derniers jours de l'automne; au printemps, l'amour y bat des ailes à plein ciel; en automne, on y songe à ceux qui ne sont plus. Le poumon malade y respire une bienfaisante fraîcheur, la vue s'y repose sur des touffes dorées qui communiquent à l'âme leurs paisibles douceurs. En ce moment, les moulins situés sur les chutes de l'Indre donnaient une voix à cette vallée frémissante, les peupliers se balançaient en riant, pas un nuage au ciel, les oiseaux chantaient, les cigales criaient, tout y était mélodie (...) Sans savoir pourquoi mes yeux revenaient au point blanc, à la femme qui brillait dans ce vaste jardin comme, au milieu des buissons verts, éclaterait la clochette d'un convolvulus, flétrie si l'on y touche.

Ibid.

[ADORATION ET DÉSIR]

Le souffle de son âme se déployait dans les replis des syllabes, comme le son se divise sous les clefs d'une flûte; il expirait onduleusement à l'oreille d'où il précipitait l'action du sang. Sa façon de dire les terminaisons en *i* faisait croire à quelque chant d'oiseau; le *ch* prononcé par elle était comme une caresse, et la manière dont elle attaquait les *t* accusait le despotisme du cœur. Elle étendait ainsi, sans le savoir, le sens des mots et vous entraînait l'âme dans un monde surhumain. Combien de fois n'ai-je pas laissé continuer une discussion que je pouvais finir! combien de fois ne me suis-je pas fait injustement gronder pour écouter ces concerts de voix humaine, pour aspirer l'air qui sortait de sa lèvre chargé de son âme, pour étreindre cette lumière parlée avec l'ardeur que j'aurais mise à serrer la comtesse sur mon sein! Quel chant d'hirondelle joyeuse, quand elle pouvait rire! mais quelle voix de cygne appelant ses compagnes, quand elle parlait de ses chagrins! L'inattention de la comtesse me permit de l'examiner. Mon regard se régalait en glissant sur la belle parleuse, il pressait sa taille, baisait ses pieds, et se jouait dans les boucles de sa chevelure. Cependant, j'étais en proie à une terreur que comprendront ceux qui, dans leur vie, ont éprouvé les joies illimitées d'une passion vraie. J'avais peur qu'elle ne me surprît les yeux attachés à la place de ses épaules que j'avais si ardemment embrassées. Cette crainte avivait la tentation, et j'y succombais, je les regardais! mon œil déchirait l'étoffe, je revoyais la lentille qui marquait la naissance de la jolie raie par laquelle son dos était partagé, mouche perdue dans du lait, et qui depuis le bal flamboyait toujours le soir dans ces ténèbres où semble ruisseler le sommeil des jeunes gens dont l'imagination est ardente, dont la vie est chaste.

Ibid.

[LE CONTRAT]

> Après une scène affreuse faite par M. de Mortsauf, Félix et Mme de Mortsauf en viennent aux confidences. Félix rêve d'une union mystique.

Vous m'avez épargné le mot Amour, dit-elle en m'interrompant d'une voix sévère; mais vous avez parlé d'un sentiment que j'ignore et qui ne m'est point permis. Vous êtes un enfant, je vous pardonne encore, mais pour la dernière fois. Sachez-le, Monsieur, mon cœur est comme enivré de maternité! Je n'aime M. de Mortsauf ni par devoir social, ni par calcul de béatitudes éternelles à gagner, mais par un irrésistible sentiment qui l'attache à toutes les fibres de mon cœur. Ai-je été violentée à mon mariage? Il fut décidé par ma sympathie pour les infortunes. N'était-ce pas aux femmes de réparer les maux du temps, de consoler ceux qui coururent sur la brèche et revinrent blessés? Que vous dirais-je? j'ai ressenti je ne sais quel contentement égoïste en voyant que vous m'amusiez : n'est-ce pas la maternité pure? Ma confession ne vous a-t-elle donc pas assez montré les *trois* enfants auxquels je ne dois jamais faillir, sur lesquels je dois faire pleuvoir une rosée réparatrice et faire rayonner mon âme, sans en laisser adultérer la moindre parcelle? N'aigrissez pas le lait d'une mère! Quoique l'épouse soit invulnérable en moi, ne me parlez donc plus ainsi. Si vous ne respectiez pas cette défense si simple, je vous en préviens, l'entrée de cette maison vous serait à jamais fermée. Je croyais à de pures amitiés, à des fraternités volontaires, plus certaines que ne le sont les fraternités imposées. Erreur! Je voulais un ami qui ne fût pas un juge, un ami pour m'écouter en ces moments de faiblesse où la voix qui gronde est une voix meurtrière, un ami saint avec qui je n'eusse rien à craindre. La jeunesse est noble, sans mensonge, capable de sacrifices, désintéressée : en voyant votre persistance, j'ai cru, je l'avoue, à quelque dessein du ciel; j'ai cru que j'aurais une âme qui serait à moi seule comme un prêtre est à tous, un cœur où je pourrais épancher mes douleurs quand elles surabondent, crier, quand mes cris sont irrésistibles et m'étoufferaient si je continuais à les dévorer. Ainsi mon existence, si précieuse à ces enfants, aurait pu se prolonger jusqu'au jour où Jacques serait devenu homme. Mais n'est-ce pas être trop égoïste? La Laure de Pétrarque peut-elle se recommencer? Je me suis trompée. Dieu ne le veut pas. Il faudra mourir à mon poste, comme le soldat sans ami. Mon confesseur est rude, austère; et ... ma tante n'est plus.

Deux grosses larmes éclairées par un rayon de lune sortirent de ses yeux, roulèrent sur ses joues, en atteignirent le bas; mais je tendis la main assez à temps pour les recevoir, et les bus avec une avidité pieuse qu'excitèrent ces paroles déjà signées par dix ans de larmes secrètes, de sensibilité dépensée, de soins constants, d'alarmes perpétuelles, l'héroïsme le plus élevé de votre sexe! Elle me regarda d'un air doucement stupide.

— Voici, lui dis-je, la première, la sainte communion de l'amour. Oui, je viens de participer à vos douleurs, de m'unir à votre âme, comme nous nous unissons au Christ en buvant sa divine substance. Aimer sans espoir est encore un bonheur. Ah! quelle femme sur la terre pourrait me causer une joie aussi grande que celle d'avoir aspiré ces larmes! J'accepte ce contrat qui doit se résoudre en souffrances pour moi. Je me donne à vous sans arrière-pensée, et serai ce que vous voudrez que je sois.

Ibid.

— Montrez qu'à travers toute cette page Mme de Mortsauf se ment à elle-même et que sa situation l'y oblige.
— Quelle est la signification du geste de Félix qui boit les larmes? Comparez avec la coutume féodale de l'échange des sangs entre hommes ou affrèrement.

[UN AMOUR D'ADOLESCENT]

Si vous me demandez pourquoi, jeune et plein de fougueux vouloirs, je demeurai dans les abusives croyances de l'amour platonique, je vous avouerai que je n'étais pas assez homme encore pour tourmenter cette femme, toujours en crainte de quelque catastrophe chez ses enfants; toujours attendant un éclat, une orageuse variation d'humeur chez son mari; frappée par lui, quand elle n'était pas affligée par la maladie de Jacques ou de Madeleine; assise au chevet de l'un d'eux quand son mari calmé pouvait lui laisser prendre un peu de repos. Le son d'une parole trop vive ébranlait son être, un désir l'offensait; pour elle, il fallait être amour voilé, force mêlée de tendresse, enfin tout ce qu'elle était pour les autres. Puis, vous le dirai-je, à vous si bien femme, cette situation comportait des langueurs enchanteresses, des moments de suavité divine et les contentements qui suivent de tacites immolations. Sa conscience était contagieuse, son dévouement sans récompense terrestre imposait par sa persistance; cette vive et secrète pitié, qui servait de lien à ses autres vertus, agissait alentour comme un encens spirituel. Puis j'étais jeune! assez jeune pour concentrer ma nature dans le baiser qu'elle me permettait si rarement de mettre sur sa main, dont elle ne voulut jamais me donner que le dessus et jamais la paume, limite où pour elle commençaient peut-être les voluptés sensuelles. Si jamais deux âmes ne s'étreignirent avec plus d'ardeur, jamais le corps ne fut plus intrépidement ni plus victorieusement dompté. Enfin, plus tard, j'ai reconnu la cause de ce bonheur plein. A mon âge, aucun intérêt ne me distrayait le cœur, aucune ambition ne traversait le cours de ce sentiment déchaîné comme un torrent et qui faisait onde de tout ce qu'il emportait. Oui, plus tard, nous aimons la femme dans une femme; tandis que, de la première femme aimée, nous aimons tout : ses enfants sont les nôtres, sa maison est la nôtre, ses intérêts sont nos intérêts, son malheur est notre plus grand malheur, nous aimons sa robe et ses meubles; nous sommes plus fâchés de voir ses blés versés que de savoir notre argent perdu; nous sommes prêts à gronder le visiteur qui dérange nos curiosités sur la cheminée. Ce saint amour nous fait vivre dans un autre, tandis que plus tard, hélas! nous attirons une autre vie en nous-mêmes, en demandant à la femme d'enrichir de ses jeunes sentiments nos facultés appauvries.

Ibid.

[VANITÉ D'UN AMOUR SANS POSSESSION]

Mme de Mortsauf est devenue Henriette pour Félix. Mais l'adolescent devient un homme. A Paris, grâce à la protection de la famille d'Henriette, il réussit à la cour de Louis XVIII. Il succombe aux séductions de la capiteuse Lady Dudley et fait deux parts dans sa vie. A Arabelle le corps, à Henriette l'âme. Celle-ci est dévorée d'une jalousie dont elle mourra. Elle ne répond plus aux lettres et Félix revient à Clochegourde où il est reçu froidement.

En sortant de table, la comtesse m'amena sur la terrasse, et, quand nous y fûmes, elle s'écria :

— Comment! il se rencontre des femmes qui sacrifient leurs enfants à un homme? La fortune, le monde, je le conçois, l'éternité, oui, peut-être! Mais les enfants, se priver de ses enfants!

— Oui, et ces femmes voudraient avoir encore à sacrifier davantage, elles donnent tout ...

Pour la comtesse, le monde se renversa, ses idées se confondirent. Saisie par ce grandiose, soupçonnant que le bonheur devait justifier cette immolation, entendant en elle-même les cris de la chair révoltée, elle demeura stupide en face de sa vie manquée. Oui, elle eut un moment de doute horrible; mais elle se releva grande et sainte, portant haut la tête.

— Aimez-la donc bien, Félix, cette femme, dit-elle avec des larmes aux yeux, ce sera ma sœur heureuse. Je lui pardonne les maux qu'elle m'a faits, si elle vous donne ce que vous ne deviez jamais trouver ici, ce que vous ne pouvez plus tenir de moi. Vous avez eu raison, je ne vous ai jamais dit que je vous aimasse, et je ne vous ai jamais aimé comme on aime dans ce monde. Mais, si elle n'est pas mère, comment peut-elle aimer?

— Chère sainte, répondis-je, il faudrait que je fusse moins ému que je ne le suis pour t'expliquer que tu planes victorieusement au-dessus d'elle, qu'elle est une femme de la terre, une fille des races déchues, et que tu es la fille des cieux, l'ange adoré, que tu as tout mon cœur et qu'elle n'a que ma chair; elle le sait, elle en est au désespoir, et elle changerait avec toi, quand même le plus cruel martyre lui serait imposé pour prix de ce changement. Mais tout est irrémédiable. A toi l'âme, à toi les pensées, l'amour pur, à toi la jeunesse et la vieillesse; à elle les désirs et les plaisirs de la passion fugitive; à toi mon souvenir dans toute son étendue, à elle l'oubli le plus profond.

— Dites, dites, dites-moi donc cela, ô mon ami! Elle alla s'asseoir sur un banc et fondit en larmes.

— La vertu, Félix, la sainteté de la vie, l'amour maternel, ne sont donc pas des erreurs! Oh! jetez ce baume sur mes plaies! Répétez une parole qui me rend aux cieux où je voulais tendre d'un vol égal avec vous! Bénissez-moi par un regard, par un mot sacré, je vous pardonnerai tous les maux que j'ai soufferts depuis deux mois.

— Henriette, il est des mystères de notre vie que vous ignorez. Je vous ai rencontrée dans un âge auquel le sentiment peut étouffer les désirs inspirés par notre nature; mais plusieurs scènes dont le souvenir me réchaufferait à l'heure où viendra la mort ont dû vous attester que cet âge finissait, et votre constant triomphe a été d'en prolonger les muettes délices. Un amour sans possession se soutient par l'exaspération même des désirs; puis il vient un moment où tout est souffrance en nous, qui ne ressemblons en rien à vous. Nous possédons une puissance qui ne saurait être abdiquée, sous peine de ne plus être hommes. Privé de la nourriture qui le doit alimenter, le cœur se dévore lui-même, et sent un apaisement qui n'est pas la mort, mais qui la précède. La nature ne peut donc pas être longtemps trompée; au moindre accident, elle se réveille avec une énergie qui ressemble à la folie. Non, je n'ai pas aimé, mais j'ai eu soif au milieu du désert.

Ibid.

Le roman atteint dans cette page une tension dramatique extrême. Cela tient au fait que Mme de Mortsauf, dont la vertu a paru, jusqu'ici, au-dessus de tout danger, remet en cause, dans son désespoir, toutes les valeurs qui ont commandé son existence : la fidélité conjugale, le sacrifice de l'individu à la famille.

Lady Dudley, qui est la vivante antithèse de la comtesse, est pour elle un mystère. Comment cette femme a-t-elle pu abandonner ses enfants pour un amant? Mme de Mortsauf, qui sent vaciller ses principes, est prête à admettre qu'une femme renonce pour l'amour à sa fortune, à sa situation mondaine, à tout, même à son salut éternel. Mais si la chrétienne faiblit, elle reste ce qu'elle a toujours été : une mère. Si donc une femme est capable de sacrifier même ses enfants pour trouver la joie des sens, quel doit donc être ce bonheur qu'elle ignore? Un gouffre s'ouvre devant elle.

Pour Félix qui veut la voir rester un ange, ce doute est « horrible ». Il attribue cette crise aux « cris de la chair révoltée », soit qu'il tienne compte de ce qu'il apprendra plus tard par la lettre posthume, soit qu'il devine déjà à demi la situation réelle de cette femme, sans chercher à élucider, car il est de son intérêt de croire qu'elle est insensible aux cris de la chair.

La comtesse se ressaisit. Elle pardonne à sa rivale, qui sera sa « sœur heureuse ». Elle aussi contribue à entretenir la fiction : « je ne vous ai jamais aimé comme on aime dans ce monde ». Cette fiction a toujours été nécessaire pour sauver sa vertu. Ainsi tous deux, dans cette scène, mentent, et entretiennent un mythe, pour des raisons inégalement nobles. C'est en se fondant sur ce mythe qu'il explique le partage qu'il a fait entre les deux femmes. Il renvoie Henriette au ciel, Arabelle se réservant la terre. La seconde, prétend-il, échangerait volontiers les rôles, même au prix du « plus cruel martyre », mots en eux-mêmes bien cruels, car c'est Henriette qui pour l'instant subit un cruel martyre. Ce discours se veut consolateur, et il console Henriette parce qu'elle veut être consolée.

Pour que sa vie n'ait pas été tout à fait un leurre, elle le supplie de lui démontrer qu'avec la vertu elle a choisi la meilleure part. En réponse, il lui explique que l'amour chaste n'était plus possible pour lui dès qu'il est devenu un homme. Mais il continue à croire, ou feint de croire, que cette impossibilité n'est réelle que pour l'homme : « nous qui ne ressemblons en rien à vous ».

Mme de Mortsauf n'est pas seulement victime d'une conception archaïque du mariage et d'un mari dégénéré, elle l'est aussi d'un amant pharisien pour qui il est commode de continuer à pétrarquiser tout en jouissant des faveurs d'Arabelle.

[LES CRIS DE LA CHAIR RÉVOLTÉE]

Mme de Mortsauf va mourir, tuée par la jalousie. Au cours d'une dernière entrevue avec Félix, la passion en elle se révolte.

— Ah! c'est la mort, mon pauvre Félix, me dit-elle, et vous n'aimez pas la mort! la mort odieuse, la mort de laquelle toute créature, même l'amant le plus intrépide, a horreur. Ici finit l'amour : je le savais bien. Lady Dudley ne vous verra jamais étonné de son changement. Ah! pourquoi vous ai-je tant souhaité, Félix? Vous êtes enfin venu; je vous récompense de ce dévouement par l'horrible spectacle qui fit jadis du comte de Rancé un trappiste (1); moi qui désirais demeurer belle et grande dans votre souvenir, y vivre comme un lys éternel, je vous enlève vos illusions. Le véritable amour ne calcule rien. Mais ne vous enfuyez pas, restez. M. Origet m'a trouvée beaucoup mieux ce matin, je vais revenir à la vie, je renaîtrai sous vos regards. Puis, quand j'aurai recouvré quelques forces, quand je commencerai à pouvoir prendre quelque nourriture, je redeviendrai belle. A peine ai-je trente-cinq ans, je puis encore avoir de belles années. Le bonheur rajeunit, et je veux connaître le bonheur. J'ai fait des projets délicieux : nous *les* laisserons à Clochegourde et nous irons ensemble en Italie. Des pleurs humectèrent mes yeux, je me tournai vers la fenêtre comme pour regarder les fleurs; l'abbé Birotteau vint à moi précipitamment, et se pencha vers le bouquet :

— Pas de larmes! me dit-il à l'oreille.

— Henriette, vous n'aimez donc plus notre chère vallée? lui répondis-je afin de justifier mon brusque mouvement.

Si, dit-elle en apportant son front sous mes lèvres

---

1. Une légende veut que le fondateur de la Trappe ait vu la tête décapitée de sa maîtresse, Mme de Montbazon.

COMÉDIE HUMAINE

ŒUVRES ILLUSTRÉES
DE
BALZAC.

LE
LYS DANS LA VALLÉE

Johannot, Staal, Bertall,
E. Lampsonius, etc.

Gravures par les meilleurs
Artistes.

A

J.-B. NACQUART,

DE L'ACADÉMIE ROYALE
DE MÉDECINE.

DOCTEUR,

e des pierres les
lées dans la se-
d'un édifice lit-
tement et labo-
construit ; j'y
re votre nom, au-
remercier le sa-
sauva jadis, que
er l'ami de tous

De Balzac.

E LA COMTESSE

E MANERVILLE.

à ton désir. Le
de la femme que
ons plus qu'elle
aime et de nous
r à tout propos
du bon sens.
as voir un pli se
r vos fronts, pour dissiper la boudeuse expression de vos
e le moindre refus attriste, nous franchissons miraculeu-

sement les distances, nous
donnons notre sang, nous
dépensons l'avenir. Au-
jourd'hui tu veux mon passé, le voici. Seulement,
sache-le bien, Natalie : en
t'obéissant, j'ai dû fouler
aux pieds des répugnances
inviolées. Mais pourquoi
suspecter les soudaines et
longues rêveries qui me
saisissent parfois en plein
bonheur ? pourquoi ta jolie
colère de femme aimée, à
propos d'un silence ? Ne
pouvais-tu jouer avec les
contrastes de mon carac-
tère sans m'en demander les
causes ? As-tu dans le cœur
des secrets qui, pour se
faire absoudre, aient be-
soin des miens ? Enfin, tu
l'as deviné, Natalie, et
peut-être vaut-il mieux que
tu saches tout : oui, ma
vie est dominée par un
fantôme, il se dessine vaguement au moindre mot
qui le provoque, il s'agite
souvent de lui-même au-
dessus de moi. J'ai d'im-
posants souvenirs ensove-
lis au fond de mon âme
comme ces productions
marines qu'aperçoivent
par les temps calmes, et
que les flots de la tempête

Elle se retourna, me vit et me dit : — Monsieur ! — PAGE 5.

« jettent par fragments sur la grève. Quoique le travail que néces-
« sitent les idées pour être exprimées ait contenu ces anciennes

— Imp. Simon Raçon et Cie, rue d'Erfurth, 1.

RDAS J.-B.

par un mouvement de câlinerie; mais, sans vous, elle m'est funeste ... *sans toi*, reprit-elle en effleurant mon oreille de ses lèvres chaudes pour y jeter ces deux syllabes comme deux soupirs.

Je fus épouvanté par cette folle caresse qui agrandissait encore les terribles discours des deux abbés (1). En ce moment, ma première surprise se dissipa; mais, si je pus faire usage de ma raison, ma volonté ne fut pas assez forte pour réprimer le mouvement nerveux qui m'agita pendant cette scène. J'écoutais sans répondre, ou plutôt je répondais par un sourire fixe et par des signes de consentement, pour ne pas la contrarier, agissant comme une mère avec son enfant. Après avoir été frappé de la métamorphose de la personne, je m'aperçus que la femme, autrefois si imposante par ses sublimités, avait dans l'attitude, dans la voix, dans les manières, dans les regards et les idées, la naïve ignorance d'un enfant, les grâces ingénues, l'avidité de mouvement, l'insouciance profonde de ce qui n'est pas son désir ou lui, enfin toutes les faiblesses qui recommandent l'enfant à la protection. En est-il ainsi de tous les mourants ? dépouillent-ils tous les déguisements sociaux, de même que l'enfant ne les a pas encore revêtus ? Ou, se trouvant au bord de l'éternité, la comtesse, en n'acceptant plus de tous les sentiments humains que l'amour, en exprimait-elle la suave innocence à la manière de Chloé ?

Ibid.

La vertu va rester finalement victorieuse dans cette lutte. Les fleurs qui remplissent la chambre sont responsables par leur parfum, de ce délire. La fin de Mme de Mortsauf sera édifiante. Mais nous apprendrons par une lettre posthume à quel point sa passion a été sensuelle, et quel martyre elle a enduré.

---

1 L'abbé Birotteau, confesseur d'Henriette, et l'abbé de Dominis, précepteur des enfants. Ils ont prévenu Félix que la sainte subissait « sa lutte au mont des Oliviers ».

— « Nous *les* laisserons à Clochegourde. » Pourquoi
Balzac a-t-il souligné le pronom ? Montrez que toute l'inten-
sité du drame se concentre dans l'emploi de ce mot.
— Caractérisez l'attitude de Félix dans cette scène.
— Pourquoi, devant le délire de la comtesse, éprouve-t-il
une impression d'innocence enfantine ?

[PRESTIGE D'UNE VOIX]

La quête de la femme idéale traverse toute l'œuvre
de Nerval. Privé de sa mère qui est morte quand il avait
deux ans, Gérard est nourri de romantisme allemand, il
se passionne pour les religions orientales et notamment
pour le culte d'Isis. Dans sa conscience malade la femme
idéale se mêle à sa mère, à la déesse Isis ainsi qu'à la
Vierge. Son amour se fixe sur Jenny Colon, une actrice,
c'est-à-dire une femme déguisée, qui participe par état
au monde de l'imaginaire. Elle meurt en 1842. *Sylvie*
est écrit dix ans plus tard. C'est donc une morte qui l'inspire, et qui peut être une médiatrice de l'au-delà, comme
chez Dante.

Le narrateur va tous les soirs au même théâtre.

Indifférent au spectacle de la salle, celui du théâtre
ne m'arrêtait guère, — excepté lorsqu'à la seconde
ou à la troisième scène d'un maussade chef-d'œuvre
d'alors, une apparition bien connue illuminait l'espace
vide, rendant la vie d'un souffle et d'un mot à ces
vaines figures qui m'entouraient.

Je me sentais vivre en elle, et elle vivait pour moi
seul. Son sourire me remplissait d'une béatitude
infinie ; la vibration de sa voix si douce et cependant
fortement timbrée me faisait tressaillir de joie et
d'amour. Elle avait pour moi toutes les perfections,
elle répondait à tous mes enthousiasmes, à tous mes
caprices, — belle comme le jour aux feux de la rampe
qui l'éclairait d'en bas, pâle comme la nuit, quand

la rampe baissée la laissait éclairée d'en haut sous les rayons du lustre et la montrait plus naturelle, brillant dans l'ombre de sa seule beauté, comme les Heures divines qui se découpent, avec une étoile au front, sur les fonds bruns des fresques d'Herculanum!

Depuis un an, je n'avais pas encore songé à m'informer de ce qu'elle pouvait être d'ailleurs; je craignais de troubler le miroir magique qui me renvoyait son image, — et tout au plus avais-je prêté l'oreille à quelques propos concernant non plus l'actrice, mais la femme. Je m'en informais aussi peu que des bruits qui ont pu courir sur la princesse d'Élide ou sur la reine de Trébizonde...

NERVAL, *Sylvie*.

— Montrez que c'est, dans la femme, l'actrice qui fait naître son amour.

[ASPIRATION A L'IDÉAL]

Nous vivions alors dans une époque étrange, comme celles qui d'ordinaire succèdent aux révolutions ou aux abaissements des grands règnes. Ce n'était plus la galanterie héroïque comme sous la Fronde, le vice élégant et paré comme sous la Régence, le scepticisme et les folles orgies du Directoire; c'était un mélange d'activité, d'hésitation et de paresse, d'utopies brillantes, d'aspirations philosophiques ou religieuses, d'enthousiasmes vagues, mêlés de certains instincts de renaissance; d'ennui des discordes passées, d'espoirs incertains, — quelque chose comme l'époque de Peregrinus et d'Apulée. L'homme matériel aspirait au bouquet de roses qui devait le régénérer par les mains de la belle Isis; la déesse éternellement jeune et pure nous apparaissait dans les nuits, et nous faisait honte de nos heures de jour perdues. L'ambition n'était cependant pas de notre âge, et l'avide curée qui se faisait alors des positions et des honneurs nous éloignait des sphères d'activité possibles. Il ne nous restait pour asile que cette tour d'ivoire des poètes, où nous montions toujours plus haut pour nous isoler de la foule. A ces points élevés où nous guidaient nos maîtres, nous respirions enfin l'air pur des solitudes, nous buvions l'oubli dans la coupe d'or des légendes, nous étions ivres de poésie et d'amour. Amour, hélas! des formes vagues, des teintes roses et bleues, des fantômes métaphysiques! Vue de près, la femme réelle révoltait notre ingénuité; il fallait qu'elle apparût reine ou déesse, et surtout n'en pas approcher.

Quelques-uns d'entre nous néanmoins prisaient peu ces paradoxes platoniques...

Ibid.

[ADRIENNE]

> Une information lue dans un journal a fait revivre dans la mémoire du narrateur le Valois de son enfance. Il fait un rêve :

Je me représentais un château du temps de Henri IV avec ses toits pointus couverts d'ardoises et sa face rougeâtre aux encoignures dentelées de pierres jaunies, une grande place verte encadrée d'ormes et de tilleuls, dont le soleil couchant perçait le feuillage de ses traits enflammés. Des jeunes filles dansaient en rond sur la pelouse en chantant de vieux airs transmis par leurs mères, et d'un français si naturellement pur, que l'on se sentait bien exister dans ce vieux pays du Valois, où, pendant plus de mille ans, a battu le cœur de la France.

J'étais le seul garçon dans cette ronde, où j'avais amené ma compagne toute jeune encore, Sylvie, une petite fille du hameau voisin, si vive et si fraîche, avec ses yeux noirs, son profil régulier et sa peau légèrement hâlée!... Je n'aimais qu'elle, je ne voyais qu'elle — jusque là! A peine avais-je remarqué, dans la ronde où nous dansions, une blonde, grande et belle, qu'on appelait Adrienne. Tout à coup, suivant les règles de la danse, Adrienne se trouva placée seule avec moi au milieu du cercle. Nos tailles étaient pareilles. On nous dit de nous embrasser, et la danse et le chœur tournaient plus vivement que jamais. En lui donnant ce baiser, je ne pus m'empêcher de lui presser la main. Les longs anneaux roulés de ses cheveux d'or effleuraient mes joues. De ce moment, un trouble inconnu s'empara de moi. — La belle devait chanter pour avoir le droit de rentrer dans la danse. On s'assit autour d'elle, et aussitôt, d'une voix fraîche et pénétrante, légèrement voilée, comme celle des filles de ce pays brumeux, elle chanta une de ces anciennes romances pleines de mélancolie et d'amour, qui racontent toujours les malheurs d'une princesse enfermée dans sa tour par la volonté d'un père qui la punit d'avoir aimé. La mélodie se terminait à chaque stance par ces trilles chevrotantes que font valoir si bien les voix jeunes, quand elles imitent par un frisson modulé la voix tremblante des aïeules.

A mesure qu'elle chantait, l'ombre descendait des grands arbres, et le clair de lune naissant tombait sur elle seule, isolée de notre cercle attentif. — Elle se tut, et personne n'osa rompre le silence. La pelouse était couverte de faibles vapeurs condensées, qui déroulaient leurs blancs flocons sur les pointes des herbes. Nous pensions être en paradis. — Je me levai enfin, courant au parterre du château, où se trouvaient des lauriers, plantés dans de grands vases de faïence peints en camaïeu. Je rapportai deux branches, qui furent tressées en couronne et nouées d'un ruban. Je posai sur la tête d'Adrienne cet ornement, dont les feuilles lustrées éclataient sur ses cheveux blonds aux rayons pâles de la lune. Elle ressemblait à la Béatrice de Dante qui sourit au poète errant sur la lisière des saintes demeures.

Adrienne se leva. Développant sa taille élancée, elle nous fit un salut gracieux, et rentra en courant dans le château. — C'était, nous dit-on, la petite-fille de l'un des descendants d'une famille alliée aux anciens rois de France; le sang des Valois coulait dans ses veines. Pour ce jour de fête, on lui avait permis de se mêler à nos jeux; nous ne devions plus la revoir, car le lendemain elle repartit pour un couvent où elle était pensionnaire.

Le souvenir d'Adrienne vient se fondre dans l'image de Jenny Colon :

Cet amour vague et sans espoir, qui tous les soirs me prenait à l'heure du spectacle, pour ne me quitter qu'à l'heure du sommeil, avait son germe dans le souvenir d'Adrienne, fleur de la nuit éclose à la pâle clarté de la lune, fantôme rose et blond glissant sur l'herbe verte à demi baignée de blanches vapeurs (...). Aimer une religieuse sous la forme d'une actrice!... et si c'était la même!

Ibid.

[AURÉLIA — BÉATRICE]

Aurélia est le récit stylisé des crises de folie de Gérard. Dans le personnage d'Aurélia vient se fondre le souvenir de toutes les créatures féminines qu'il a connues ou rêvées. Dans cette sorte de descente aux Enfers qui forme le fond du récit, Aurélia est la médiatrice, celle qui intercède pour obtenir le pardon d'une mystérieuse faute qui ronge la conscience de Gérard. De même Dante s'accusait d'une faute à l'égard de Béatrice. *Aurélia* est, toutes proportions gardées, la *Divine Comédie* de la littérature française.

Cette *Vita Nuova* a eu pour moi deux phases. Voici les notes qui se rapportent à la première. — Une dame que j'avais aimée longtemps (1) et que j'appellerai du nom d'Aurélia, était perdue pour moi. Peu

_____

1. Jenny Colon.

importent les circonstances de cet événement qui devait avoir une si grande influence sur ma vie. Chacun peut chercher dans ses souvenirs l'émotion la plus navrante, le coup le plus terrible frappé sur l'âme par le destin; il faut alors se résoudre à mourir ou à vivre : — je dirai plus tard pourquoi je n'ai pas choisi la mort. Condamné par celle que j'aimais, coupable d'une faute dont je n'espérais plus le pardon, il ne me restait qu'à me jeter dans les enivrements vulgaires; j'affectai la joie et l'insouciance, je courus le monde, follement épris de la variété et du caprice; j'aimais surtout les costumes et les mœurs bizarres des populations lointaines, il me semblait que je déplaçais ainsi les conditions du bien et du mal; les termes, pour ainsi dire, de ce qui est sentiment pour nous autres Français. « Quelle folie, me disais-je, d'aimer ainsi d'un amour platonique une femme qui ne vous aime plus. Ceci est la faute de mes lectures; j'ai pris au sérieux les inventions des poètes, et je me suis fait une Laure ou une Béatrice d'une personne ordinaire de notre siècle... Passons à d'autres intrigues, et celle-là sera vite oubliée. » L'étourdissement d'un joyeux carnaval dans une ville d'Italie chassa toutes mes idées mélancoliques. J'étais si heureux du soulagement que j'éprouvais, que je faisais part de ma joie à tous mes amis, et, dans mes lettres, je leur donnais pour l'état constant de mon esprit, ce qui n'était que surexcitation fiévreuse.

NERVAL, *Aurelia*, I, 1.

RÉVERSIBILITÉ

Il y a dans *Les Fleurs du Mal* un cycle de Madame Sabatier. Cette demi-mondaine, femme entretenue par un banquier, tenait une sorte de salon littéraire que fréquentait Baudelaire. Parallèlement à la liaison orageuse qu'il entretient avec Jeanne Duval, la Vénus noire, le poète voue un culte à « la Présidente », surnom qui avait été donné à Mme Sabatier par Théophile Gautier. Il lui adresse entre 1852 et 1857 une série de poèmes dont l'anonymat

est bientôt percé par elle. En août 1857, elle se donne
à lui. Cette liaison aboutit tout de suite à un échec total.
La déesse n'est plus qu'une femme ordinaire, elle perd tout
pouvoir inspirateur. Voir, parmi les principaux poèmes
qu'elle a inspirés, « De profundis clamavi (XXX), « Confession » (XLV), « Hymne » (*Nouvelles Fleurs du Mal*, VI).

Ange plein de gaieté, connaissez-vous l'angoisse,
La honte, les remords, les sanglots, les ennuis,
Et les vagues terreurs de ces affreuses nuits
Qui compriment le cœur comme un papier qu'on
[froisse?
Ange plein de gaieté, connaissez-vous l'angoisse?

Ange plein de bonté, connaissez-vous la haine,
Les poings crispés dans l'ombre et les larmes de fiel,
Quand la vengeance bat son infernal rappel,
Et de nos facultés se fait le capitaine?
Ange plein de bonté, connaissez-vous la haine?

Ange plein de santé, connaissez-vous les Fièvres,
Qui, le long des grands murs de l'hospice blafard,
Comme des exilés, s'en vont d'un pied traînard,
Cherchant le soleil rare et remuant les lèvres?
Ange plein de santé, connaissez-vous les Fièvres?

Ange plein de beauté, connaissez-vous les rides,
Et la peur de vieillir, et ce hideux tourment
De lire la secrète horreur du dévouement
Dans des yeux où longtemps burent nos yeux avides?
Ange plein de beauté, connaissez-vous les rides?

Ange plein de bonheur, de joie et de lumières,
David mourant aurait demandé la santé
Aux émanations de ton corps enchanté;
Mais de toi je n'implore, ange, que tes prières,
Ange plein de bonheur, de joie et de lumières!

BAUDELAIRE, *Les Fleurs du Mal*, XLIV.

L'AUBE SPIRITUELLE

Quand chez les débauchés l'aube blanche et vermeille
Entre en société de l'Idéal rongeur,
Par l'opération d'un mystère vengeur
Dans la brute assoupie un ange se réveille.

Des Cieux Spirituels l'inaccessible azur,
Pour l'homme terrassé qui rêve encore et souffre,
S'ouvre et s'enfonce avec l'attirance du gouffre.
Ainsi, chère Déesse, Être lucide et pur,

Sur les débris fumeux des stupides orgies
Ton souvenir plus clair, plus rose, plus charmant,
A mes yeux agrandis voltige incessamment.

Le soleil a noirci la flamme des bougies;
Ainsi, toujours vainqueur, ton fantôme est pareil,
Ame resplendissante, à l'immortel soleil!

Ibid., XLVI.

[EFFETS DE L'ABSENCE]

Dominique, publié en 1863, est un roman largement autobiographique. Le héros, gentilhomme campagnard, vit retiré sur ses terres aux environs de La Rochelle; il exploite son domaine des Trembles, mène une vie de famille paisible avec sa femme et ses deux enfants, et ses ambitions se limitent à l'administration de la commune dont il est le maire. Il se lie d'amitié avec le narrateur et lui raconte un jour l'histoire de sa jeunesse et du grand amour qui a failli briser sa vie.

Dominique a été très tôt orphelin, il a grandi solitaire au château des Trembles, puis est entré en classe de seconde au collège d'Ormesson, la ville voisine. C'est là qu'il se lie d'amitié avec Olivier d'Orsel ainsi qu'avec les deux cousines d'Olivier : Madeleine et Julie. La crise de l'adolescence se produit à ce moment-là. Dominique a besoin d'aimer, et ce besoin se fixe sur Madeleine. Mais la jeune fille a un an de plus que lui, différence importante à cet âge. Elle est déjà femme, alors qu'il n'est qu'un collégien. « Elle me dominait avant de me séduire : le cœur a les mêmes ingénuités que la foi. Tous les cultes passionnés commencent ainsi » (chap. VI). Madeleine part en voyage avec son père. On saura après qu'il s'agit de négocier son mariage. Pendant cette absence le souvenir de Madeleine hante l'imagination du jeune homme.

La maison était vide. Les domestiques allaient et venaient, comme étonnés, eux aussi de n'avoir plus à se contraindre. On avait ouvert toutes les fenêtres, et le soleil de mai jouait librement dans les chambres, où toutes choses étaient remises en place. Ce n'était pas l'abandon, c'était l'absence. Je soupirai. Je calculai ce que cette absence devait durer. Deux mois! Cela me paraissait tantôt très long, tantôt très court. J'aurais souhaité, je crois, tant j'avais besoin de m'appartenir, que ce mince répit n'eût plus de fin.

Je revins le lendemain, les jours suivants : même silence et même sécurité. Je me promenai dans toute la maison, je visitai le jardin allée par allée; Madeleine était partout. Je m'enhardis jusqu'à m'entretenir librement avec son souvenir. Je regardai sa fenêtre, et j'y revis sa jolie tête. J'entendis sa voix dans les allées du parc, et je me mis à fredonner, pour retrouver comme un écho de certaines romances qu'elle se plaisait à chanter en plein air, que le vent rendait si fluides et que le bruit des feuilles accompagnait. Je revis mille choses que j'ignorais d'elle ou qui ne m'avaient pas frappé, certains gestes qui n'étaient rien et qui devenaient charmants; je trouvai pleine de grâce l'habitude un peu négligée qu'elle avait de tordre ses cheveux en arrière et de les porter relevés sur la nuque et liés par le milieu comme une gerbe noire. Les moindres particularités de sa mise ou de sa tournure, une odeur exotique qu'elle aimait et qui me l'eût fait reconnaître les yeux fermés, tout, jusqu'à ses couleurs adoptées depuis peu, le bleu qui lui parait si bien et qui faisait valoir avec tant d'éclat sa blancheur sans trouble, tout cela revivait avec une lucidité surprenante, mais en me causant une autre émotion que sa présence, comme un regret, agréable à caresser, des choses aimables qui n'étaient plus là. Peu à peu, je me pénétrai sans beaucoup de chaleur, mais avec un attendrissement continu, de ces réminiscences, le seul attrait presque vivant qui me restât d'elle, et moins de quinze jours après le départ de Madeleine ce souvenir envahissant ne me quittait plus.

E. FROMENTIN, *Dominique*, chap. VI.

[PREMIER TROUBLE]

Au retour de Madeleine, Dominique apprend son prochain mariage. C'est seulement alors que le sentiment devient assez pleinement conscient pour s'exprimer par le langage : « Madeleine est perdue, et je l'aime ». Le mot est prononcé pour la première fois. Dominique poursuit ses études à Paris; il y fréquente le salon de Madeleine de Nièvres. Un soir elle donne un bal. Jusque là, la jeune femme n'a laissé paraître qu'une franche amitié à l'égard de Dominique.

Le soir indiqué, j'arrivai de bonne heure. Il n'y avait encore qu'un très petit nombre d'invités réunis autour de Madeleine, près de la cheminée du premier salon. Quand elle entendit annoncer mon nom, par un élan de familiarité qu'elle ne tenait nullement à réprimer, elle fit un mouvement vers moi qui l'isola de son entourage et me la montra de la tête aux pieds comme une image imprévue de toutes les séductions. C'était la première fois que je la voyais ainsi, dans la tenue splendide et indiscrète d'une femme en toilette de bal. Je sentis que je changeais de couleur, et qu'au lieu de répondre à son regard paisible, mes yeux s'arrêtaient maladroitement sur un nœud de diamants qui flamboyaient à son corsage. Nous demeurâmes une seconde en présence, elle interdite, moi fort troublé. Personne assurément ne se douta du rapide échange d'impressions qui nous apprit, je crois, de l'un à l'autre que de délicates pudeurs étaient blessées. Elle rougit un peu, sembla frissonner des épaules, comme si subitement elle avait froid, puis, s'interrompant au milieu d'une phrase qui ne voulait rien dire, elle se rapprocha de son fauteuil, y prit une écharpe de dentelles, et le plus naturellement du monde elle s'en couvrit. Ce seul geste pouvait signifier bien des choses; mais je voulus n'y voir qu'un acte ingénu de condescendance et de bonté qui me la rendit plus adorable que jamais et me bouleversa pour le reste de la soirée. Elle-même en garda pendant quelques minutes un peu d'embarras. Je la connaissais trop bien aujourd'hui pour m'y tromper. Deux ou trois fois je la surpris me regardant sans motif, comme si elle eût été encore sous l'empire d'une sensation qui durait; puis des obligations de politesse lui rendirent peu à peu son aplomb. Le mouvement du bal agit sur elle et sur moi en sens contraire : elle devint parfaitement libre et presque joyeuse; quant à moi, je devins plus sombre à mesure que je la voyais plus gaie, et plus troublé à mesure que je voyais en elle des attraits extérieurs qui d'une créature presque angélique faisaient tout simplement une femme accomplie.

Ibid.

[L'ADORATION DU PORTRAIT]

Leurs rapports deviennent de plus en plus tourmentés. Elle sait qu'il l'aime, sans jamais l'avoir laissé s'expliquer clairement. Elle prétend le guérir de sa passion, sans s'apercevoir qu'elle-même la partage déjà. A bout de forces, elle cesse de le voir. Dominique tente d'oublier en se consacrant à une carrière d'écrivain politique.

A cette époque à peu près, j'eus une grande émotion. Il y avait une exposition de peinture moderne. Quoique très ignorant dans un art dont j'avais l'instinct sans nulle culture, et dont je parlais d'autant moins que

je le respectais davantage, j'allais quelquefois pour-
suivre, à propos de peinture, des examens qui m'apprenaient à bien juger mon époque, et chercher des
comparaisons qui ne me réjouissaient guère. Un jour,
je vis un petit nombre de gens qui devaient être des
connaisseurs arrêtés devant un tableau et discourant.
C'était un portrait coupé à mi-corps, conçu dans un
style ancien, avec un fond sombre, un costume indécis,
sans nul accessoire; deux mains splendides, une chevelure à demi perdue, la tête présentée de face, ferme
de contours, gravée sur la toile avec la précision d'un
émail, et modelée je ne sais dans quelle manière sobre,
large et pourtant voilée, qui donnait à la physionomie
des incertitudes extraordinaires, et faisait palpiter une
âme émue dans la vigoureuse incision de ce trait
aussi résolu que celui d'une médaille. Je restai anéanti
devant cette effigie effrayante de réalité et de tristesse.
La signature était celle d'un peintre illustre. Je recou-
rus au livret : j'y trouvai les initales de Mme de
Nièvres. Je n'avais pas besoin de ce témoignage.
Madeleine était là devant moi qui me regardait, mais
avec quels yeux! dans quelle attitude! avec quelle
pâleur et quelle mystérieuse expression d'attente et
de déplaisir amer!

Je faillis jeter un cri, et je ne sais comment je parvins
à me contenir assez pour ne pas donner aux gens qui
m'entouraient le spectacle d'une folie. Je me mis au
premier rang; j'écartai tous ces curieux importuns
qui n'avaient rien à faire entre ce portrait et moi.
Pour avoir le droit de l'observer de plus près et plus
longtemps, j'imitai le geste, l'allure, la façon de
regarder, et jusqu'aux petites exclamations approba-
tives des amateurs exercés. J'eus l'air d'être passionné
pour l'œuvre du peintre, tandis qu'en réalité je n'appré-
ciais et n'adorais passionnément que le modèle. Je
revins le lendemain, les jours suivants, je me glissais
de bonne heure à travers les galeries désertes, j'aper-
cevais le portrait de loin comme un brouillard; il
ressuscitait à chaque pas que je faisais en avant.
J'arrivais : tout artifice appréciable disparaissait;
c'était Madeleine de plus en plus triste, de plus en plus

fixée dans je ne sais quelle anxiété terrible et pleine de songes. Je lui parlais, je lui disais toutes les choses déraisonnables qui me torturaient le cœur depuis près de deux années; je lui demandais grâce, et pour elle et pour moi. Je la suppliais de me recevoir, de me laisser revenir à elle. Je lui racontais ma vie tout entière avec le plus lamentable et le plus légitime des orgueils. Il y avait des moments où le modelé fuyant des joues, l'étincelle des yeux, l'indéfinissable dessin de la bouche donnaient à cette muette effigie des mobilités qui me faisaient peur. On eût dit qu'elle m'écoutait, me comprenait, et que l'impitoyable et savant burin qui l'avait emprisonnée dans un trait si rigide l'empêchait seul de s'émouvoir et de me répondre.

Ibid.

— Comparez avec *La Nouvelle Héloïse* II, lettre 32 et avec *Aurélia* XLIX.

[LE MOT DÉFENDU QUI SÉPARE]

Il apprend un jour qu'elle est souffrante; il se résout à lui rendre visite au château de Nièvres. Elle donne des signes d'une folle exaltation. Au cours d'une scène qui rappelle *Werther*, elle s'abandonne un instant dans ses bras, mais dans un sursaut elle lui échappe. Bouleversé, il s'évanouit. Le soir même elle lui signifie son congé définitif.

« Vous partez demain, me dit Madeleine en me parlant debout, et j'étais debout comme elle.

— Oui, lui dis-je.

— Et nous ne nous reverrons jamais! »

Je ne répondis pas.

« Jamais, reprit-elle; entendez-vous? Jamais. J'ai mis entre nous le seul obstacle qui puisse nous séparer sans idée de retour. »

Je me jetai à ses pieds, je pris ses deux mains sans qu'elle y résistât; je sanglotais. Elle eut une courte faiblesse qui lui coupa la voix; elle retira ses mains, et me les rendit dès qu'elle eut repris sa fermeté.

« Je ferai tout mon possible pour vous oublier. Oubliez-moi, cela vous sera plus facile encore. Mariez-vous, plus tard, quand vous voudrez. Ne vous imaginez pas que votre femme puisse être jalouse de moi, car à ce moment-là je serai morte ou heureuse, ajouta-t-elle, avec un tremblement qui faillit la renverser. Adieu. »

Je restai à genoux, les bras étendus, attendant un mot plus doux qu'elle ne disait pas. Un dernier retour de faiblesse ou de pitié le lui arracha.

« Mon pauvre ami! me dit-elle; il fallait en venir là. Si vous saviez combien je vous aime! Je ne vous l'aurais pas dit hier; aujourd'hui cela peut s'avouer, puisque c'est le mot défendu qui nous sépare. »

Elle, exténuée tout à l'heure, elle avait retrouvé par miracle je ne sais quelle ressource de vertu qui la raffermissait à mesure. Je n'en avais plus aucune.

Elle ajouta, je crois, une ou deux paroles que je n'entendis pas; puis elle s'éloigna doucement comme une vision qui s'évanouit, et je ne la revis plus, ni ce soir-là, ni le lendemain, ni jamais.

Ibid.

— Montrez comment, à travers tout le roman, le fait de prononcer ou de ne pas prononcer certains mots change la situation.

[TRAGI-COMÉDIE DU SOUVENIR]

Voici près de vingt-sept ans que Frédéric Moreau a voué à Mme Arnoux un amour passionné. Mme Arnoux est une femme vertueuse, quoique fort mal traitée par son mari. Frédéric est un être velléitaire et veule. Leur amour reste chaste. Depuis plus de quinze ans ils ne se sont pas revus, Mme Arnoux ayant quitté Paris après la ruine de son mari. Un jour, à l'improviste, elle lui rend visite. Ils vont faire une promenade dans les rues.

Ils se racontèrent leurs anciens jours, les dîners du temps de l'art industriel, les manies d'Arnoux, sa façon de tirer les pointes de son faux-col, d'écraser du cosmétique sur ses moustaches, d'autres choses plus intimes et plus profondes. Quel ravissement il avait eu la première fois, en l'entendant chanter! Comme elle était belle, le jour de sa fête, à Saint-Cloud! Il lui rappela le petit jardin d'Auteuil, des soirs au théâtre, une rencontre sur le boulevard, d'anciens domestiques, sa négresse.

Elle s'étonnait de sa mémoire. Cependant, elle lui dit :

— Quelquefois, vos paroles me reviennent comme un écho lointain, comme le son d'une cloche apporté par le vent; et il me semble que vous êtes là, quand je lis des passages d'amour dans les livres.

— Tout ce qu'on y blâme d'exagéré, vous me l'avez fait ressentir, dit Frédéric. Je comprends les Werther que ne dégoûtent pas les tartines de Charlotte.

— Pauvre cher ami!

Elle soupira; et, après un long silence :

— N'importe, nous nous serons bien aimés.

— Sans nous appartenir, pourtant!

— Cela vaut peut-être mieux, reprit-elle.

— Non! non! Quel bonheur nous aurions eu!

— Oh! je le crois, avec un amour comme le vôtre!

Et il devait être bien fort pour durer après une séparation si longue!

Frédéric lui demanda comment elle l'avait découvert.

— C'est un soir que vous m'avez baisé le poignet entre le gant et la manchette. Je me suis dit : « Mais il m'aime... il m'aime! » J'avais peur de m'en assurer, cependant. Votre réserve était si charmante, que j'en jouissais comme d'un hommage involontaire et continu.

L'amour. De l'idéal au réel

Il ne regretta rien. Ses souffrances d'autrefois étaient payées.

Quand ils rentrèrent, Mᵐᵉ Arnoux ôta son chapeau. La lampe, posée sur une console, éclaira ses cheveux blancs. Ce fut comme un heurt en pleine poitrine.

Pour lui cacher cette déception, il se posa par terre à ses genoux, et, prenant ses mains, se mit à lui dire des tendresses.

— Votre personne, vos moindres mouvements me semblaient avoir dans le monde une importance extra-humaine. Mon cœur, comme de la poussière, se soulevait derrière vos pas. Vous me faisiez l'effet d'un clair de lune par une nuit d'été, quand tout est parfums, ombres douces, blancheurs, infini; et les délices de la chair et de l'âme étaient contenues pour moi dans votre nom que je me répétais, en tâchant de le baiser sur mes lèvres. Je n'imaginais rien au-delà. C'était Mᵐᵉ Arnoux telle que vous étiez, avec ses deux enfants, tendre, sérieuse, belle à éblouir, et si bonne! Cette image-là effaçait toutes les autres. Est-ce que j'y pensais, seulement! puisque j'avais toujours au fond de moi-même la musique de votre voix et la splendeur de vos yeux!

Elle acceptait avec ravissement ces adorations pour la femme qu'elle n'était plus. Frédéric, se grisant par ses paroles, arrivait à croire ce qu'il disait. Mᵐᵉ Arnoux, le dos tourné à la lumière, se penchait vers lui. Il sentait sur son front la caresse de son haleine, à travers ses vêtements le contact indécis de tout son corps. Leurs mains se serrèrent; la pointe de sa bottine s'avançait un peu sous sa robe, et il dit, presque défaillant :

— La vue de votre pied me trouble.

Un mouvement de pudeur la fit se lever. Puis, immobile, et avec l'intonation singulière des somnambules :

— A mon âge! lui! Frédéric!... Aucune n'a jamais été aimée comme moi! Non, non, à quoi sert d'être jeune? Je m'en moque bien! je les méprise, toutes celles qui viennent ici!

— Oh! il n'en vient guère! reprit-il complaisamment.

Son visage s'épanouit, et elle voulut savoir s'il se marierait.

Il jura que non.

— Bien sûr? pourquoi?

— A cause de vous, dit Frédéric en la serrant dans ses bras.

Elle y restait, la taille en arrière, la bouche entr'ouverte, les yeux levés. Tout à coup, elle le repoussa avec un air de désespoir; et, comme il la suppliait de lui répondre, elle dit en baissant la tête :

— J'aurais voulu vous rendre heureux.

Frédéric soupçonna Mᵐᵉ Arnoux d'être venue pour s'offrir; et il était repris par une convoitise plus forte que jamais, furieuse, enragée. Cependant, il sentait quelque chose d'inexprimable, une répulsion, et comme l'effroi d'un inceste. Une autre crainte l'arrêta, celle d'en avoir dégoût plus tard. D'ailleurs, quel embarras ce serait! — et tout à la fois par prudence et pour ne pas dégrader son idéal, il tourna sur ses talons et se mit à faire une cigarette.

Elle le contemplait, tout émerveillée.

— Comme vous êtes délicat! Il n'y a que vous! Il n'y a que vous!

FLAUBERT, *L'Éducation sentimentale.*

— Étudiez les correspondances entre cette scène et celle de la première rencontre, en vous reportant au début du roman.

— Quelle est la part de la littérature dans les propos des deux personnages?

— Dans quelle mesure Frédéric joue-t-il la comédie?

CHAPITRE VII

LE VINGTIÈME SIÈCLE

● INTRODUCTION

1. Vers l'égalité des sexes

Le développement de la grande industrie, en faisant entrer en masses les femmes dans le cycle de la production, a modifié le statut de la cellule familiale. Les femmes pénètrent maintenant dans les facultés sur un pied d'égalité avec les hommes. Dans les bureaux, dans les usines, dans toute la vie professionnelle, quoiqu'elles restent plus souvent confinées dans les situations inférieures, elles trouvent progressivement une relative indépendance économique. Dans beaucoup de pays elles ont obtenu des droits politiques égaux, et en France les stipulations les plus rétrogrades du code Napoléon ont été abolies. La femme est en marche vers sa libération totale. Le développement des idées démocratiques précipite cette évolution; celui du socialisme joue un rôle moteur. Le marxisme, reprenant en les dépouillant de leurs aspects mystiques les thèses que soutenaient certains socialistes utopistes (Enfantin, Flora Tristan) affirme l'égalité des droits entre les sexes. L'égalité qui est proclamée dans les lois pénètre peu à peu dans les mœurs, et la femme n'a plus à exiger cette compensation littéraire que l'idéalisme courtois lui offrait dans sa servitude. D'autre part la doctrine de Freud, en révélant toute l'importance des pulsions sexuelles dans la vie psychologique, a détruit les vieux tabous, ainsi que la convention littéraire de la femme-ange. Pour toutes ces raisons, dans la littérature, la femme idéalisée tend à s'effacer derrière la femme réelle.

2. L'IDÉALISME DEMEURE

Pourtant Gide, Alain-Fournier, Radiguet, Claudel, Breton, Éluard, Aragon, Boris Vian, pour ne citer que les plus connus, ont chanté ou dépeint des amours qui, de façon diverse, transcendent le réel. C'est que le monde où nous vivons paraît de plus en plus déshumanisé. La grande industrie a substitué au travail artisanal où chaque producteur réalisait lui-même un objet, un travail parcellaire dont le résultat échappe, de toutes les façons, au travailleur. La disparition progressive des petites entreprises ne réduit pas pour autant la concurrence, bien au contraire. Il faut produire de plus en plus vite, de plus en plus économiquement ; les crises économiques se succèdent, toujours avec la menace du chômage. Les guerres, mondiales ou coloniales, font suite aux guerres. La famine règne sur une partie de l'humanité. Le massacre atomique est une perpétuelle menace. L'individu, à tort ou à raison, se sent bien souvent ballotté dans un univers absurde, fait de guerres et de révolutions dont le sens lui échappe. Il ne saisit plus que des apparences, il a perdu tout contact avec le réel. Dans une société où, depuis les bancs de l'école, tout est fondé sur la concurrence, l'autre, comme dans *Huis-Clos*, est devenu l'ennemi. Alors l'amour peut apparaître comme la planche de salut. C'est lui qui permet de retrouver l'autre, et par là les autres. Même à ceux qui peuvent se les offrir, les gadgets de la société dite de consommation n'apportent que des jouissances illusoires. L'amour seul est réel. Seul il apporte une connaissance authentique, dans la mesure où il peut durer, donc dans la mesure où il peut s'idéaliser. Notre époque a ses raisons propres d'idéaliser l'amour.

Ce n'est pas à dire que les influences littéraires n'exercent pas leur rôle. Non seulement la lointaine Béatrice, mais les œuvres qui se sont inspirées d'elle et toutes celles qui ont créé de nouvelles images de femmes, s'imposent à bien des écrivains d'aujourd'hui quand ils peignent l'amour. Dans *La Porte étroite* les allusions à Béatrice sont fréquentes, et l'on y trouve aussi l'influence de Novalis et celle de *Dominique*. *Sylvie* a été le modèle du *Grand Meaulnes;* il est impossible de lire *Le Bal du Comte d'Orgel* de Radiguet sans se souvenir de *La Princesse de Clèves*, et l'on peut rattacher les personnages de Claudel à toute une tradition littéraire.

Cependant ces œuvres vivent en dépit des résurgences du passé. Certaines d'entre elles traduisent des exigences religieuses. Pour ceux qui ont la foi, la religion procure un refuge contre un monde inhumain. Alissa, dans *La Porte étroite*, s'efforce d'atteindre la sainteté par le renoncement. Elle refuse l'union charnelle avec Jérôme et tente de donner à son amour une satisfaction purement mystique. Elle ne veut être que la mère spirituelle de l'enfant qui naîtra quand Jérôme se sera marié avec une autre. Dans son appétit d'absolu, elle en vient à se détruire, et Gide qui a peint avec ferveur la noblesse d'une grande âme, dénonce en fait l'auto-destruction à laquelle aboutit une doctrine religieuse contraignante et impitoyable : le puritanisme.

A l'inverse Claudel, dont le catholicisme assume toute la création, chante et célèbre sans réserve l'amour humain, en lequel il découvre, pour certaines âmes d'élite, la voie nécessaire du salut, à condition que cet amour se dépasse. C'est sur ce thème central qu'est construit tout *Le Soulier de satin*.

Mais c'est le surréalisme qui a renouvelé notre thème de la façon la plus originale. Pour ces poètes l'amour est le moyen privilégié d'atteindre au surréel, d'échapper à l'emprise du temps, de rompre les limites individuelles et la solitude. L'amour est à la fois un art et une religion. « L'art n'est qu'une forme de l'amour » dit Aragon *(Anicet)* et Breton reprend : « Nous réduirons l'art à sa plus simple expression qui est l'amour » *(Poisson soluble)* (1). L'amour est la forme suprême de connaissance, lui seul nous fait entrer en contact avec le réel. « L'amour est la fusion de l'existence et de l'essence » dit Breton *(Arcane 17)* (2).

---

1. Cité par R. Garaudy, *L'Itinéraire d'Aragon*, Paris, 1961, p. 42.
2. *Ibid.*, p. 136.

Pour le même poète la femme est un être mystérieux qui personnifie la poésie. Elle est la Beauté, et la Beauté est l'essence nécessaire du monde. A la fois charnelle et artificielle, la femme révèle à l'homme sa nature. Elle est l'indispensable médium entre les forces telluriques élémentaires et l'homme, pour qui elle représente le seul salut possible. C'est à la femme qu'il appartient de sauver l'humanité. A travers toute son œuvre poétique Breton a poursuivi, dans des femmes différentes, la femme idéale dont la rencontre relève du « hasard objectif » soumis à de mystérieuses lois occultes.

Aragon n'a jamais partagé le goût de Breton pour l'occultisme. Pourtant l'amour a eu d'abord pour lui aussi une signification mystique. Mais après la rencontre avec Elsa, la femme devient la compagne qui l'aide à découvrir, non plus le surréel, mais le monde réel. De toute façon le chant de l'amour est une constante de son œuvre, aussi bien de ses romans que de ses poèmes, comme il est une constante de la poésie d'Éluard. Ils sont de ceux, nombreux à notre époque, dont un des rêves est l'union d'un couple inséré dans le monde réel par la communauté de ses tâches, mais délivré des antiques rapports de domination et de sujétion, et à l'abri des souillures que le souci de l'argent imprime à tous les sentiments. Ce pur amour que le grand Meaulnes cherchait dans les splendeurs du rêve, loin des médiocrités du réel, est-il possible de le vivre dans la réalité ? Nul texte ne répond à cette question plus nettement que les derniers mots des *Cloches de Bâle* :

« Ici pour la première fois dans le monde la place est faite au véritable amour. Celui qui n'est pas souillé par la hiérarchie de l'homme et de la femme, par la sordide histoire des robes et des baisers, par la domination d'argent de l'homme sur la femme, ou de la femme sur l'homme. La femme des temps modernes est née, et c'est elle que je chante. Et c'est elle que je chanterai. »

[LA DERNIÈRE RENCONTRE]

La Porte étroite (1909) est l'histoire d'une jeune fille qui a préféré au bonheur la sainteté, ou plutôt qui met le bonheur suprême dans la vertu, dans l'effort vers la vertu. Élevée dans un protestantisme rigide, Alissa, depuis l'enfance, aime son cousin Jérôme, et ce sentiment est réciproque, mais il est empreint de ferveur religieuse. Pour Alissa il s'agit d'abord de se retrouver ensemble dans la voie du salut. Et Jérôme rêve de mériter Alissa, non de la posséder. Alissa se sacrifie d'abord au bonheur de sa sœur, qui aime aussi Jérôme; puis celle-ci ayant refusé ce sacrifice, elle s'applique à affaiblir l'amour de Jérôme parce qu'il risque de le détourner de Dieu. Elle s'enlaidit volontairement, feint de ne plus vouloir lire que des ouvrages de piété insipides, au lieu des poètes et des grands auteurs dans la lecture desquels ils communiaient. Elle réussit à l'ébranler. Beaucoup d'éléments de ce récit sont empruntés à l'histoire de Gide lui-même et de sa cousine Madeleine Rondeaux, qui devait devenir Madame Gide. Mais Alissa est beaucoup plus que Madeleine une création de Gide. Après avoir dépeint dans *L'Immoraliste* (1902) un personnage qui se livre sans aucun frein aux impulsions de sa nature, il dépeint maintenant l'excès inverse, le personnage qui se contraint lui-même jusqu'à en mourir. Et c'est chaque fois une possibilité de Gide lui-même qui se réalise en une création littéraire. Alissa peut être identifiée avec le surmoi de Gide, que lui avait imposé l'éducation puritaine qu'il reçut de sa mère.

Voici la dernière rencontre d'Alissa et de Jérôme.

Après trois ans d'absence, il revient sans prévenir, à la porte du jardin.

« La porte était close. Le verrou intérieur n'opposait toutefois qu'une résistance assez faible et que d'un coup d'épaule j'allais briser... A cet instant j'entendis un bruit de pas; je me dissimulai dans le retrait du mur.

Je ne pus voir qui sortait du jardin; mais j'entendis, je sentis que c'était Alissa. Elle fit trois pas en avant, appela faiblement :

— Est-ce toi, Jérôme?...

Mon cœur, qui battait violemment, s'arrêta, et, comme de ma gorge serrée ne pouvait sortir une parole, elle répéta plus fort :

— Jérôme! Est-ce toi?

A l'entendre ainsi m'appeler, l'émotion qui m'étrei-

gnit fut si vive qu'elle me fit tomber à genoux.
Comme je ne répondais toujours pas, Alissa fit
quelques pas en avant, tourna le mur, et je la sentis
soudain contre moi — contre moi qui cachais de mon
bras mon visage, comme par peur de la voir aussitôt.
Elle resta quelques instants penchée vers moi, tandis
que je couvrais de baisers ses mains frêles.

— Pourquoi te cachais-tu ? me dit-elle, aussi simplement que si ces trois ans de séparation n'eussent
duré que quelques jours.

— Comment as-tu compris que c'était moi?

— Je t'attendais.

— Tu m'attendais ? dis-je, si surpris que je ne pouvais que répéter interrogativement ses paroles... Et
comme je restais agenouillé :

— Allons jusqu'au banc, reprit-elle. Oui, je savais
que je devais encore une fois te revoir. Depuis trois
jours, je reviens ici chaque soir et je t'appelle comme
j'ai fait ce soir... Pourquoi ne répondais-tu pas?

— Si tu n'étais pas venue me surprendre, je repar-
tais sans t'avoir vue, dis-je, me raidissant contre
l'émotion qui d'abord m'avait trouvé défaillant. —
Simplement, passant au Havre, j'allais me promener
dans l'avenue, tourner à l'entour du jardin, me
reposer quelques instants sur ce banc de la manière
où je pensais que tu venais encore t'asseoir, puis...

— Vois ce que depuis trois soirs j'y viens lire,
dit-elle en m'interrompant, et elle me tendit un paquet
de lettres ; je reconnus celles que je lui écrivais d'Italie.
A ce moment je levai les yeux vers elle. Elle était
extraordinairement changée; sa maigreur, sa pâleur
me serrèrent le cœur affreusement. S'appuyant et
pesant à mon bras, elle se pressait contre moi comme
si elle eût eu peur ou froid. Elle était encore en grand
deuil, et sans doute la dentelle noire qu'elle avait mise
en guise de coiffure et qui lui encadrait le visage
ajoutait à sa pâleur. Elle souriait, mais semblait
défaillir. Je m'inquiétai de savoir si elle était seule
en ce moment à Fongueusemare. Non; Robert y
vivait avec elle; Juliette, Édouard et leurs trois enfants
étaient venus passer près d'eux le mois d'août... Nous

étions parvenus au banc; nous nous assîmes, et la conversation quelques instants encore traîna le long d'informations banales. Elle s'enquit de mon travail. Je répondis de mauvaise grâce. J'aurais voulu qu'elle sentît que mon travail ne m'intéressait plus. J'aurais voulu la décevoir, comme elle aussi m'avait déçu. Je ne sais si j'y parvins, mais elle n'en laissa rien paraître. Pour moi, plein à la fois de ressentiment et d'amour, je m'efforçais de lui parler de la manière la plus sèche et m'en voulais de l'émotion qui parfois faisait trembler ma voix.

Le soleil déclinant, que cachait depuis quelques instants un nuage, reparut au ras de l'horizon, presque en face de nous, envahissant d'un luxe frémissant les champs vides et comblant d'une profusion subite l'étroit vallon qui s'ouvrait à nos pieds; puis, disparut. Je demeurais, ébloui, sans rien dire; je sentais m'envelopper encore, me pénétrer cette sorte d'extase dorée où mon ressentiment s'évaporait, et je n'entendais plus en moi que l'amour. Alissa, qui restait penchée, appuyée contre moi, se redressa; elle sortit de son corsage un menu paquet enveloppé de papier fin, fit mine de me le tendre, s'arrêta, semblant indécise, et comme je la regardais surpris :

— Écoute, Jérôme, c'est ma croix d'améthystes que j'ai là; depuis trois soirs je l'apporte parce que je voulais depuis longtemps te la donner.

— Que veux-tu que j'en fasse? fis-je assez brusquement.

— Que tu la gardes en souvenir de moi, pour ta fille.

— Quelle fille? m'écriai-je en regardant Alissa sans la comprendre.

— Écoute-moi bien calmement, je t'en prie; non, ne me regarde pas ainsi; ne me regarde pas; déjà j'ai beaucoup de mal à te parler; mais ceci, je veux absolument te le dire. Écoute, Jérôme, un jour, tu te marieras?... Non, ne me réponds pas; ne m'interromps pas, je t'en supplie. Je voudrais tout simplement que tu te souviennes que je t'aurai beaucoup aimé et... depuis longtemps déjà... depuis trois ans...

j'ai pensé que cette petite croix que tu aimais, une fille de toi la porterait un jour en souvenir de moi, oh! sans savoir de qui... et peut-être pourrais-tu aussi lui donner... mon nom...

Elle s'arrêta, la voix étranglée; je m'écriai presque hostilement :

— Pourquoi ne pas la lui donner toi-même?

Elle essaya de parler encore. Ses lèvres tremblaient comme celles d'un enfant qui sanglote; elle ne pleurait pas toutefois; l'extraordinaire éclat de son regard inondait son visage d'une surhumaine, d'une angélique beauté.

— Alissa! qui donc épouserais-je? Tu sais pourtant que je ne puis aimer que toi... et tout à coup, la serrant éperdument, presque brutalement dans mes bras, j'écrasai de baisers ses lèvres. Un instant comme abandonnée je la tins à demi renversée contre moi; je vis son regard se voiler; puis ses paupières se fermèrent, et d'une voix dont rien n'égalera pour moi la justesse et la mélodie :

— Aie pitié de nous, mon ami! Ah! n'abîme pas notre amour.

Peut-être dit-elle encore : N'agis pas lâchement! ou peut-être me le dis-je moi-même, je ne sais plus, mais soudain, me jetant à genoux devant elle et l'enveloppant pieusement de mes bras :

— Si tu m'aimais ainsi, pourquoi m'as-tu toujours repoussé? Vois! j'attendais d'abord le mariage de Juliette; j'ai compris que tu attendisses aussi son bonheur; elle est heureuse; c'est toi-même qui me l'as dit. J'ai cru longtemps que tu voulais continuer à vivre près de ton père; mais à présent nous voici tous deux seuls.

— Oh! ne regrettons pas le passé, murmura-t-elle. A présent j'ai tourné la page.

— Il est temps encore, Alissa.

— Non, mon ami, il n'est plus temps. Il n'a plus été temps du jour où, par amour, nous avons entrevu l'un pour l'autre mieux que l'amour. Grâce à toi, mon rêve était monté si haut que tout contentement humain l'eût fait déchoir. J'ai souvent réfléchi à ce qu'eût été notre vie l'un avec l'autre; dès qu'il n'eût plus été parfait, je n'aurais plus pu supporter notre amour.

— Avais-tu réfléchi à ce que serait notre vie l'un sans l'autre?

— Non, jamais.

— A présent, tu le vois! Depuis trois ans sans toi, j'erre péniblement...

Le soir tombait.

— J'ai froid, dit-elle en se levant et s'enveloppant de son châle trop étroitement pour que je puisse reprendre son bras. Tu te souviens de ce verset de l'Écriture, qui nous inquiétait et que nous craignions de ne pas bien comprendre : « Ils n'ont pas obtenu ce qui leur avait été promis, Dieu les ayant réservés pour quelque chose de meilleur... »

— Crois-tu toujours à ces paroles?

— Il le faut bien.

Nous marchâmes quelques instants l'un près de l'autre, sans plus rien dire. Elle reprit :

— Imagines-tu cela, Jérôme : le meilleur! Et brusquement les larmes jaillirent de ses yeux, tandis qu'elle répétait encore : le meilleur!

Nous étions de nouveau parvenus à la petite porte du potager par où, tout à l'heure, je l'avais vue sortir. Elle se retourna vers moi :

— Adieu! fit-elle. Non, ne viens pas plus loin. Adieu, mon ami bien-aimé. C'est maintenant que va commencer... le meilleur.

Un instant elle me regarda, tout à la fois me retenant et m'écartant d'elle, les bras tendus et les mains sur mes épaules, les yeux emplis d'un indicible amour...

A. GIDE, *La Porte étroite*,
Le Mercure de France, éditeur.

— Relevez tous les éléments qui tendent à faire d'Alissa une sainte, et même un personnage surhumain.

— Montrez toute l'ambiguïté du personnage de Jérôme. Aime-t-il réellement Alissa?

— Quel est le rôle du coucher de soleil dans cette scène?

— Parmi les raisons du renoncement d'Alissa, n'y a-t-il pas quelque chose qui rappelle *La Princesse de Clèves?*

[JOURNAL D'ALISSA]

Dans ses derniers jours elle s'enfuit de sa maison, de son jardin qui « encouragent intolérablement » son amour et va mourir solitaire dans une clinique parisienne. Elle lègue à Jérôme son journal où nous découvrons comme dans la lettre d'adieu de Julie, dans celle de Mme de Mortsauf, toute la violence d'un amour vainement combattu.

Hier au soir, Jérôme venait de monter dans sa chambre; papa, qui prolongeait avec moi la veillée, m'a laissée seule quelques instants. J'étais assise sur le canapé, ou plutôt — ce qui ne m'arrive presque jamais — je m'étais étendue, je ne sais pourquoi. L'abat-jour abritait de la lumière mes yeux et le haut de mon corps; je regardais machinalement la pointe de mes pieds, qui dépassait un peu ma robe et qu'un reflet de lampe accrochait. Quand papa est rentré, il est resté quelques instants debout devant la porte à me dévisager d'une manière étrange, à la fois souriante et triste. Vaguement confuse, je me suis levée; alors il m'a fait signe :

— Viens t'asseoir près de moi, m'a-t-il dit; et, bien qu'il fût déjà tard, il a commencé à me parler de ma mère, ce qu'il n'avait jamais fait depuis leur séparation. Il m'a raconté comment il l'avait épousée, combien il l'aimait et ce que d'abord elle avait été pour lui.

— Papa, lui ai-je dit enfin, je te supplie de me dire pourquoi tu me racontes cela ce soir, ce qui te fait me raconter cela précisément ce soir...

— Parce que, tout à l'heure, quand je suis rentré dans le salon, et que je t'ai vue, comme tu étais étendue sur le canapé, un instant j'ai cru revoir ta mère.

Si j'insistais ainsi, c'est que, ce même soir... Jérôme lisait par-dessus mon épaule, debout, appuyé contre mon fauteuil, penché sur moi. Je ne pouvais le voir mais sentais son haleine et comme la chaleur et le frémissement de son corps. Je feignais de continuer ma lecture, mais je ne comprenais plus; je ne distinguais même plus les lignes; un trouble si étrange s'était emparé de moi que j'ai dû me lever de ma chaise, en hâte, tandis que je le pouvais encore. J'ai pu quitter quelques instants la pièce sans qu'heureusement il se soit rendu compte de rien... Mais quand, un peu plus tard, seule dans le salon, je m'étais étendue sur ce canapé où papa trouvait que je ressemblais à ma mère, précisément alors c'est à elle que je pensais.

J'ai très mal dormi cette nuit, inquiète, oppressée, misérable, obsédée par le souvenir du passé qui remontait en moi comme un remords. Seigneur, enseignez-moi l'horreur de tout ce qui a quelque apparence de mal.

Pauvre Jérôme! Si pourtant il savait que parfois il n'aurait qu'un geste à faire, et que ce geste parfois je l'attends...

Lorsque j'étais enfant, c'est à cause de lui déjà que je souhaitais d'être belle. Il me semble à présent que je n'ai jamais « tendu à la perfection » que pour lui. Et que cette perfection ne puisse être atteinte que sans lui, c'est, ô mon Dieu! celui d'entre tous vos enseignements qui déconcerte le plus mon âme.

Ibid.

[AU COURS DE LA FÊTE ÉTRANGE]

Augustin Meaulnes, perdu en Sologne, est arrivé dans un château mystérieux où se donne une fête costumée en l'honneur du jeune maître, Frantz de Galais, qui doit arriver avec sa fiancée. C'est là que, dans une atmosphère de rêve, il rencontre celle qui doit orienter sa vie.

On aborda devant un bois de sapins. Sur le débarcadère, les passagers durent attendre un instant, serrés les uns contre les autres, qu'un des bateliers eût ouvert le cadenas de la barrière... Avec quel émoi Meaulnes se rappelait dans la suite cette minute où, sur le bord de l'étang, il avait eu très près du sien le visage désormais perdu de la jeune fille! Il avait regardé ce profil si pur, de tous ses yeux, jusqu'à ce qu'ils fussent près de s'emplir de larmes. Et il se rappelait avoir vu, comme un secret délicat qu'elle lui eût confié, un peu de poudre restée sur sa joue...

A terre, tout s'arrangea comme dans un rêve. Tandis que les enfants couraient avec des cris de joie, que des groupes se formaient et s'éparpillaient à travers bois, Meaulnes s'avança dans une allée, où, dix pas devant lui, marchait la jeune fille. Il se trouva près d'elle sans avoir eu le temps de réfléchir :

« Vous êtes belle », dit-il simplement.

Mais elle hâta le pas et, sans répondre, prit une allée transversale. D'autres promeneurs couraient, jouaient à travers les avenues, chacun errant à sa guise, conduit seulement par sa libre fantaisie. Le jeune homme se reprocha vivement ce qu'il appelait sa balourdise, sa grossièreté, sa sottise. Il errait au hasard, persuadé qu'il ne reverrait plus cette gracieuse créature, lorsqu'il l'aperçut soudain venant à sa rencontre et forcée de passer près de lui dans l'étroit sentier. Elle écartait de ses deux mains nues les plis de son grand manteau. Elle avait des souliers noirs très découverts. Ses chevilles étaient si fines qu'elles pliaient par instants et qu'on craignait de les voir se briser.

Cette fois, le jeune homme salua, en disant très bas :

« Voulez-vous me pardonner?

— Je vous pardonne, dit-elle gravement. Mais il faut que je rejoigne les enfants, puisqu'ils sont les maîtres aujourd'hui. Adieu ».

Augustin la supplia de rester un instant encore. Il lui parlait avec gaucherie, mais d'un ton si troublé, si plein de désarroi, qu'elle marcha plus lentement et l'écouta.

« Je ne sais même pas qui vous êtes » dit-elle enfin.

Elle prononçait chaque mot d'un ton uniforme, en appuyant de la même façon sur chacun, mais en disant plus doucement le dernier... Ensuite elle reprenait son visage immobile, sa bouche un peu mordue, et ses yeux bleus regardaient fixement au loin.

« Je ne sais pas non plus votre nom », répondit Meaulnes.

Ils suivaient maintenant un chemin découvert, et l'on voyait à quelque distance les invités se presser autour d'une maison isolée dans la pleine campagne.

— « Voici la « maison de Frantz », dit la jeune fille ; il faut que je vous quitte... ».

Elle hésita, le regarda un instant en souriant et dit :

— « Mon nom?... Je suis mademoiselle Yvonne de Galais... ».

Et elle s'échappa.

La « maison de Frantz » était alors inhabitée. Mais Meaulnes la trouva envahie jusqu'aux greniers par la foule des invités. Il n'eut guère le loisir d'ailleurs d'examiner le lieu où il se trouvait : on déjeuna en hâte d'un repas froid emporté dans les bateaux, ce qui était fort peu de saison, mais les enfants en avaient décidé ainsi, sans doute ; et l'on repartit. Meaulnes s'approcha de Mademoiselle de Galais dès qu'il la vit sortir et, répondant à ce qu'elle avait dit tout à l'heure :

« Le nom que je vous donnais était plus beau, dit-il.

— Comment ? Quel était ce nom ? » fit-elle, toujours avec la même gravité.

Mais il eut peur d'avoir dit une sottise et ne répondit rien.

— « Mon nom à moi est Augustin Meaulnes, continua-t-il, et je suis étudiant.

— Oh ! vous étudiez ? » dit-elle. Et ils parlèrent un instant encore. Ils parlèrent lentement, avec bonheur — avec amitié. Puis l'attitude de la jeune fille changea. Moins hautaine et moins grave, maintenant, elle parut aussi plus inquiète. On eût dit qu'elle redoutait ce que Meaulnes allait dire et s'en effarouchait à l'avance. Elle était auprès de lui toute frémissante, comme une hirondelle un instant posée à terre et qui déjà tremble du désir de reprendre son vol.

« A quoi bon ? A quoi bon ? » répondait-elle doucement aux projets que faisait Meaulnes.

Mais lorsqu'enfin il osa lui demander la permission de revenir un jour vers ce beau domaine :

L'amour. De l'idéal au réel

— « Je vous attendrai », répondit-elle simplement.
Ils arrivaient en vue de l'embarcadère. Elle s'arrêta
soudain et dit pensivement :
— « Nous sommes deux enfants; nous avons fait
une folie. Il ne faut pas que nous montions cette
fois dans le même bateau. Adieu, ne me suivez pas ».
Meaulnes resta un instant interdit, la regardant
partir. Puis il se reprit à marcher. Et alors la jeune
fille, dans le lointain, au moment de se perdre à nouveau dans la foule des invités, s'arrêta et, se tournant
vers lui, pour la première fois le regarda longuement.
Était-ce un dernier signe d'adieu? Était-ce pour lui
défendre de l'accompagner? Ou, peut-être avait-elle
quelque chose encore à lui dire?...

A. Fournier, *Le Grand Meaulnes*.
Émile-Paul, éditeur.

— Dégagez tous les éléments qui contribuent à auréoler
de mystère la jeune fille.

[MIEUX VAUT L'OUBLI]

Augustin n'a pu savoir quel était ce château et n'a pas
revu la jeune fille. Le seul indice qui lui reste est une adresse
à Paris. Tous les soirs il attend devant une maison vide.
Une jeune fille est là aussi. Il ignore qu'il s'agit de la fiancée
de Frantz de Galais, qui s'est enfuie avant la fête étrange.
Elle croit savoir qu'Yvonne de Galais s'est mariée. Il fait
part de son désespoir à son ami François Seurel, le narrateur.

« Je passe encore sous cette fenêtre, écrivait-il.
J'attends encore, sans le moindre espoir, par folie.
A la fin de ces froids dimanches d'automne, au
moment où il va faire nuit, je ne puis me décider à
rentrer, à fermer les volets de ma chambre, sans être
retourné là-bas, dans la rue gelée.

« Je suis comme cette folle de Sainte-Agathe qui sortait à chaque minute sur le pas de la porte et regardait, la main sur les yeux, du côté de la gare, pour voir si son fils qui était mort ne venait pas.

« Assis sur le banc, grelottant, misérable, je me plais à imaginer que quelqu'un va me prendre doucement par le bras... Je me retournerais. Ce serait elle. « Je me suis un peu attardée », dirait-elle simplement. Et toute peine et toute démence s'évanouissent. Nous entrons dans notre maison. Ses fourrures sont toutes glacées, sa voilette mouillée; elle apporte avec elle le goût de brume du dehors; et tandis qu'elle s'approche du feu, je vois ses cheveux blonds givrés, son beau profil au dessin si doux penché vers la flamme...

« Hélas! la vitre reste blanchie par le rideau qui est derrière. Et la jeune fille du domaine perdu l'ouvrirait-elle, que je n'ai maintenant plus rien à lui dire.

« Notre aventure est finie. L'hiver de cette année est mort comme la tombe. Peut-être quand nous mourrons, peut-être la mort seule nous donnera la clef et la suite et la fin de cette aventure manquée.

« Seurel, je te demandais l'autre jour de penser à moi. Maintenant, au contraire, il vaut mieux m'oublier. Il vaudrait mieux tout oublier

. . . .

A. M. »   *Ibid.*

[REFUS D'UN BONHEUR PAISIBLE]

Pourtant Augustin reverra Yvonne de Galais. Mais, ruinée par les folies de son frère, elle mène maintenant une existence médiocre. Le château a disparu. Malgré toute sa beauté, elle ne peut plus être celle qui remplissait son rêve. Il l'épouse cependant, mais pour repartir aussitôt pour l'aventure. Depuis de longs mois elle attend son retour.

— Il est vrai, dit-elle presque tout bas avec un soupir, je suis seule encore. Augustin n'est pas revenu... »

Prenant ce soupir pour un regret, un reproche étouffé, je commençais à dire lentement :

— « Tant de folies dans une si noble tête ! Peut-être le goût des aventures plus fort que tout... »

Mais la jeune femme m'interrompit. Et ce fut en ce lieu, ce soir-là, que pour la première et la dernière fois, elle me parla de Meaulnes.

— « Ne parlez pas ainsi, dit-elle doucement, François Seurel, mon ami. Il n'y a que nous — il n'y a que moi de coupable. Songez à ce que nous avons fait...

« Nous lui avons dit : « Voici le bonheur, voici ce que tu as cherché pendant toute ta jeunesse, voici la jeune fille qui était à la fin de tous tes rêves ! »

« Comment celui que nous poussions ainsi par les épaules n'aurait-il pas été saisi d'hésitation, puis de crainte, puis d'épouvante, et n'aurait-il pas cédé à la tentation de s'enfuir !

— Yvonne, dis-je tout bas, vous saviez bien que vous étiez ce bonheur-là, cette jeune fille-là.

— Ah ! soupira-t-elle. Comment ai-je pu un instant avoir cette pensée orgueilleuse. C'est cette pensée-là qui est cause de tout.

« Je vous disais : « Peut-être que je ne puis rien faire pour lui ». Et au fond de moi, je pensais : Puisqu'il m'a tant cherchée et puisque je l'aime, il faudra bien que je fasse son bonheur ». Mais quand je l'ai vu près de moi, avec toute sa fièvre, son inquiétude, son remords mystérieux (1), j'ai compris que je n'étais qu'une pauvre femme comme les autres...

« — Je ne suis pas digne de vous », répétait-il, quand ce fut le petit jour et la fin de la nuit de nos noces.

« Et j'essayais de le consoler, de le rassurer. Rien ne calmait son angoisse. Alors j'ai dit :

— « S'il faut que vous partiez, si je suis venue vers vous au moment où rien ne pouvait vous rendre

---

1. Augustin s'accuse d'être responsable de la disparition de la fiancée de Frantz, tombée dans la misère et peut-être dans la prostitution.

heureux, s'il faut que vous m'abandonniez un temps pour ensuite revenir apaisé près de moi, c'est moi qui vous demande de partir... »

Dans l'ombre je vis qu'elle avait levé les yeux sur moi. C'était comme une confession qu'elle m'avait faite, et elle attendait, anxieusement, que je l'approuve ou la condamne. Mais que pouvais-je dire ? Certes, au fond de moi, je revoyais le grand Meaulnes de jadis, gauche et sauvage, qui se faisait toujours punir plutôt que de s'excuser ou de demander une permission qu'on lui eût certainement accordée. Sans doute aurait-il fallu qu'Yvonne de Galais lui fît violence, et lui prenant la tête entre ses mains, lui dît : « Qu'importe ce que vous avez fait; je vous aime; tous les hommes ne sont-ils pas des pêcheurs ? » Sans doute avait-elle eu grand tort, par générosité, par esprit de sacrifice, de le rejeter ainsi sur la route des aventures... Mais comment aurais-je pu désapprouver tant de bonté, tant d'amour!...

Ibid.

Bientôt après la jeune femme meurt en couches. Le grand Meaulnes revient pour trouver une petite fille élevée par François.

« Et déjà je l'imaginais, la nuit, enveloppant sa fille dans un manteau, et partant avec elle pour de nouvelles aventures ».

[L'ÉTOILE]

Le destin de Don Rodrigue et de Doña Prouhèze, liés par un amour qui ne peut se réaliser sur terre, est le fil conducteur de ce drame. Ils s'aiment d'un amour charnel, pleinement humain, et coupable, puisque Prouhèze est mariée. Mais ils renoncent l'un à l'autre, et marchent parallèlement sur la voie du salut, qu'ils obtiendront par le sacrifice. Cet amour ne s'accomplit qu'en se dépassant. C'est cet amour humain, impur, qui sert à Dieu d'appât pour conquérir ces deux âmes.

**Jean-Louis Barrault et Catherine Sellers
dans une scène du Soulier de Satin
de Paul Claudel au Théâtre du Palais-Royal**

> Dans le désert de Castille, Rodrigue dialogue avec un serviteur chinois.

RODRIGUE. — Ce ne sont point ses yeux, c'est elle-même tout entière qui est une étoile pour moi!

Jadis sur la mer des Caraïbes, quand à la première heure du matin je sortais de ma caisse étouffante pour prendre la veille,

Et qu'une seconde on me montrait cet astre réginal, cette splendide étoile toute seule au bandeau du ciel transparent,

Ah! c'était le même saisissement au cœur une seconde, la même joie immense et folle!

Aucun homme ne peut vivre sans admiration. Il y a en nous l'âme qui a horreur de nous-mêmes,

Il y a cette prison dont nous avons assez, il y a ces yeux qui ont le droit de voir à la fin! il y a un cœur qui demande à être rassasié!

Mais bientôt je ne trouvais plus au firmament que ce feu de plomb trop connu,

L'opaque et sûr falot, triste guide du navigateur sur les eaux inaltérées.

Or cette fois voici bien autre chose qu'une étoile pour moi, ce point de lumière dans le sable vivant de la nuit,

Quelqu'un d'humain comme moi dont la présence et le visage hors la laideur et la misère de ce monde ne sont compatibles qu'avec un état bienheureux!

. . . .

Les deux hommes contemplent les étoiles;

LE CHINOIS. — Étrange lumière que ce million de gouttes de lait!

RODRIGUE. — Là-bas, sous les feuilles, il éclaire une femme qui pleure de joie et qui baise son épaule nue (1).

LE CHINOIS. — Qu'importe cette épaule, je vous prie, Monsieur le sauveur d'âmes?

---

1. Prouhèze, non loin de là, se rend sur la côte orientale, sous la surveillance de serviteurs. Elle a fixé un rendez-vous à Rodrigue près de Barcelone.

RODRIGUE. — Cela aussi fait partie des choses que je ne posséderai pas en cette vie.

Ai-je dit que c'était son âme seule que j'aimais? c'est elle tout entière.

Et je sais que son âme est immortelle, mais le corps ne l'est pas moins,

Et de tous deux la semence est faite qui est appelée à fleurir dans un autre jardin.

LE CHINOIS. — Une épaule qui fait partie d'une âme et tout cela ensemble qui est une fleur, comprends-tu, mon pauvre Isidore? O ma tête, ma tête!

RODRIGUE. — Isidore, ah! si tu savais comme je l'aime et comme je la désire!

LE CHINOIS. — Maintenant je vous comprends et vous ne parlez plus chinois.

RODRIGUE. — Et crois-tu donc que ce soit son corps seul qui soit capable d'allumer dans le mien un tel désir?

Ce que j'aime, ce n'est point ce qui en elle est capable de se dissoudre et de m'échapper et d'être absent, et de cesser une fois de m'aimer, c'est ce qui est la cause d'elle-même, c'est cela qui produit la vie sous mes baisers et non la mort!

Si je lui apprends qu'elle n'est pas née pour mourir, si je lui demande son immortalité, cette étoile sans le savoir au fond d'elle-même qu'elle est,

Ah! comment pourrait-elle me refuser?

Ce n'est point ce qu'il y a en elle de trouble et de mêlé et d'incertain que je lui demande, ce qu'il y a d'inerte et de neutre et de périssable,

C'est l'être tout nu, la vie pure,

C'est cet amour aussi fort que moi sous mon désir comme une grande flamme crue, comme un rire dans ma face!

Ah! me le donnât-elle (je défaille et la nuit vient sur mes yeux),

Me le donnât-elle (et il ne faut pas qu'elle me le donne),

Ce n'est point son corps chéri jamais qui réussirait à me contenter!

Jamais autrement que l'un par l'autre nous ne réussirons à nous débarrasser de la mort,

Comme le violet s'il se fond avec l'orange dégage le rouge tout pur.

LE CHINOIS. — Tsé Gué! Tsé Gué! Tsé Gué! nous savons ce qui se cache sous ces belles paroles.

RODRIGUE. — Je sais que cette union de mon être avec le sien est impossible en cette vie et je n'en veux aucune autre.

Seule l'étoile qu'elle est
Peut rafraîchir en moi cette soif affreuse.

CLAUDEL, *Le Soulier de satin*, 1re journée, scène VII.

Gallimard, éditeur.

— Précisez le sens de cette image de l'étoile et la profondeur du sentiment qui attache Rodrigue à Prouhèze.

[L'OMBRE DOUBLE]

Prouhèze, sur l'ordre du roi, est allée à Mogador, dernier point d'appui de la chrétienté en Afrique. Elle y commande en chef, mais le pouvoir réel appartient à un aventurier, Don Camille, que son amour pour Prouhèze retient seul de trahir. Rodrigue, sur la route de l'Amérique où il est nommé vice-roi des Indes, fait escale à Mogador où il a une entrevue avec Don Camille. Prouhèze reste invisible. A deux reprises Rodrigue l'appelle. Elle reste sourde. Mis au défi par Don Camille qui lui dit que s'il lance un troisième appel elle apparaîtra, Rodrigue ne lance pas cet appel. Le sacrifice est consommé. Pourtant au moment où Rodrigue regagne ses appartements, Prouhèze va à sa rencontre sur le chemin de garde, et à la clarté de la lune ils échangent un baiser silencieux, puis se séparent pour toujours. Leur baiser a créé l'ombre double. « L'ombre double d'un homme avec une femme, debout, que l'on voit projetée sur un écran au fond de la scène ».

Je porte accusation contre cet homme et cette femme qui dans le pays des ombres ont fait de moi une ombre sans maître.

Car de toutes ces effigies qui défilent sur la paroi qu'illumine le soleil du jour ou celui de la nuit,

Il n'en est pas une qui ne connaisse son auteur et ne retrace fidèlement son contour.

Mais moi, de qui dira-t-on que je suis l'ombre? non pas de cet homme ou de cette femme séparés,

Mais de tous les deux à la fois qui l'un dans l'autre en moi se sont submergés

En cet être nouveau fait de noirceur informe.

Car comme ce support et racine de moi-même, le long de ce mur violemment frappé par la lune,

Comme cet homme passait sur le chemin de garde, se rendant à la demeure qu'on lui avait assignée,

L'autre partie de moi-même et son étroit vêtement,

Cette femme, tout à coup commença à le précéder sans qu'il s'en aperçût

Et la reconnaissance de lui avec elle ne fut pas plus prompte que le choc et la soudure aussitôt de leurs âmes et de leurs corps sans une parole et que mon existence sur le mur.

Maintenant je porte accusation contre cet homme et cette femme par qui j'ai existé une seconde seule pour ne plus finir et par qui j'ai été imprimée sur la page de l'éternité!

Car ce qui a existé une fois fait partie pour toujours des archives indestructibles.

Et maintenant pourquoi ont-ils inscrit sur le mur, à leurs risques et périls, ce signe que Dieu leur avait défendu?

Et pourquoi m'ayant créée, m'ont-ils ainsi cruellement séparée, moi qui ne suis qu'un? Pourquoi ont-ils porté aux extrémités de ce monde mes deux moitiés palpitantes,

Comme si en moi par un côté d'eux-mêmes ils n'avaient pas cessé de connaître leurs limites?

Comme si ce n'était pas moi seule qui existe et ce mot un instant hors de la terre lisible parmi ce battement d'ailes éperdues.

Ibid. 2e journée, scène XIII.

[LE CIEL GAGNÉ PAR L'AMOUR]

La lune était présente. C'est sa clarté qui a formé l'ombre double. C'est elle qui unit Rodrigue et Prouhèze malgré la distance. Elle leur parle et par son intermédiaire les amants dialoguent.

PROUHÈZE. — Jamais! c'est là du moins une espèce d'éternité avec nous qui peut tout de suite commencer.

Jamais je ne pourrai plus cesser d'être sans lui et jamais il ne pourra plus cesser d'être sans moi.

Il y a quelqu'un toujours de la part de Dieu qui lui interdit la présence de mon corps

Parce qu'il l'aurait trop aimé. Ah! je veux lui donner beaucoup plus!

Que tiendrait-il si je le lui donnais? comme si ce que je lis dans ses yeux qu'il me demande pouvait avoir une fin!

Ah! j'ai de quoi lui fournir ce qu'il me demande!

Oui, ce n'est pas assez de lui manquer, je veux le trahir.

C'est cela qu'il a appris de moi dans ce baiser où nos âmes se sont jointes.

Pourquoi lui refuserais-je ce que son cœur désire? pourquoi manquerait-il quelque chose à cette mort du moins que je puis lui donner, puisqu'il n'attend point de moi la joie? Est-ce qu'il m'a épargnée? pourquoi épargnerais-je ce qu'il y a en lui de plus profond? pourquoi lui refuserais-je ce coup que je vois dans ses yeux qu'il attend et que je lis déjà au fond de ses yeux sans espoir?

Oui, je sais qu'il ne m'épousera que sur la croix et nos âmes l'une à l'autre dans la mort et dans la nuit hors de tout motif humain!

Si je ne puis être son paradis, du moins je puis être sa croix! Pour que son âme avec son corps y soit écartelée je vaux bien ces deux morceaux de bois qui se traversent!

Puisque je ne puis lui donner le ciel, du moins je puis l'arracher à la terre.

Moi seule puis lui fournir une insuffisance à la mesure de son désir!

Moi seule étais capable de le priver de lui-même.

Il n'y a pas une région de son âme et pas une fibre de son corps dont je ne sente qu'elle est faite pour être fixée à moi, il n'y a rien dans son corps que je ne sois capable de tenir avec moi pour toujours dans le sommeil de la douleur,

Comme Adam, quand il dormit, la première femme.

Quand je le tiendrai ainsi par tous les bouts de son corps et par toute la texture de sa chair et de sa personne par le moyen de ces clous en moi profondément enfoncés,

Quand il n'y aura plus aucun moyen de s'échapper, quand il sera fixé à moi pour toujours dans cet impossible hymen, quand il n'y aura plus moyen de s'arracher à ce cric de ma chair puissante et à ce vide impitoyable, quand je lui aurai prouvé son néant avec le mien, quand il n'y aura plus dans son néant de secret que le mien ne soit capable de vérifier,

C'est alors que je le donnerai à Dieu découvert et déchiré pour qu'il le remplisse dans un coup de tonnerre, c'est alors que j'aurai un époux et que je tiendrai un dieu entre mes bras!

Mon Dieu, je verrai sa joie! je la verrai avec Vous et c'est moi qui en serai la cause!

Il a demandé Dieu à une femme et elle était capable de le lui donner, car il n'y a rien au ciel et sur la terre que l'amour ne soit capable de donner! »

Ibid. 2e journée, scène XIV.

[LA PÊCHE AUX ÂMES]

Dialogue entre Prouhèze et son ange gardien. Celui-ci, pêcheur à la ligne, la retient par un fil qui l'empêche de rejoindre Rodrigue. Le sens du drame se précise dans cette scène.

L'Ange gardien. — Mais quoi, si tu n'étais pas seulement une prise pour moi, mais une amorce?

Prouhèze. — Rodrigue, c'est avec moi que tu veux le capturer?

L'Ange. — Cet orgueilleux, il n'y avait pas d'autre moyen de lui faire comprendre le prochain, de le lui entrer dans la chair;

Il n'y avait pas d'autre moyen de lui faire comprendre la dépendance, la nécessité et le besoin, un autre sur lui,

La loi sur lui de cet être différent pour aucune autre raison si ce n'est qu'il existe.

Prouhèze. — Eh quoi! Ainsi c'était permis? cet amour des créatures l'une pour l'autre, il est donc vrai que Dieu n'en est pas jaloux? L'homme entre les bras de la femme...

L'Ange. — Comment serait-Il jaloux de ce qu'Il a fait? et comment aurait-Il rien fait qui ne lui serve?

Prouhèze. — L'homme entre les bras de la femme oublie Dieu.

L'Ange. — Est-ce l'oublier que d'être avec Lui? est-ce ailleurs qu'avec Lui d'être associé au mystère de Sa création,

Franchissant de nouveau pour un instant l'Éden par la porte de l'humiliation et de la mort?

Prouhèze. — L'amour hors du sacrement n'est-il pas le péché?

L'Ange. — Même le péché! Le péché aussi sert.

Prouhèze. — Ainsi il était bon qu'il m'aime?

L'Ange. — Il était bon que tu lui apprennes le désir.

Ibid. 3ᵉ journée, scène VIII.

LA COURBE DE TES YEUX

La courbe de tes yeux fait le tour de mon cœur,
Un rond de danse et de douceur,
Auréole du temps, berceau nocturne et sûr,
Et si je ne sais plus tout ce que j'ai vécu
C'est que tes yeux ne m'ont pas toujours vu.

Feuilles de jour et mousse de rosée,
Roseaux du vent, sourires parfumés,
Ailes couvrant le monde de lumière,
Bateaux chargés du ciel et de la mer,
Chasseurs des bruits et sources des couleurs,

Parfums éclos d'une couvée d'aurores
Qui gît toujours sur la paille des astres,
Comme le jour dépend de l'innocence
Le monde entier dépend de tes yeux purs
Et tout mon sang coule dans leurs regards.

PAUL ÉLUARD, *Capitale de la douleur* (1926).

Gallimard, éditeur.

MA FEMME A LA CHEVELURE...

Ma femme à la chevelure de feu de bois
Aux pensées d'éclairs de chaleur
A la taille de sablier
Ma femme à la taille de loutre entre les dents du tigre
Ma femme à la bouche de cocarde et de bouquets
            [d'étoiles de dernière grandeur
Aux dents d'empreintes de souris blanche sur la terre
            [blanche
A la langue d'ambre et de verre frottés
Ma femme à la langue d'hostie poignardée
A la langue de poupée qui ouvre et ferme les yeux
A la langue de pierre incroyable
Ma femme aux cils de bâtons d'écriture d'enfant
Aux sourcils de bord de nid d'hirondelle
Ma femme aux tempes d'ardoise de toit de serre

Et de buée aux vitres
Ma femme aux épaules de champagne
Et de fontaine à têtes de dauphins sous la glace
Ma femme aux poignets d'allumettes
Ma femme aux doigts de hasard et d'as de cœur
Aux doigts de foin coupé
Ma femme aux aisselles de martre et de fênes
De nuit de la Saint-Jean
De troène et de nid de scalares
Aux bras d'écume de mer et d'écluse
Et de mélange du blé et du moulin
Ma femme aux jambes de fusée
Aux mouvements d'horlogerie et de désespoir
Ma femme aux mollets de moelle de sureau
Ma femme aux pieds d'initiales
Aux pieds de trousseaux de clés aux pieds de calfats
[qui boivent
Ma femme à la gorge de Val d'or
Du rendez-vous dans le lit même du torrent
Aux seins de nuit
Ma femme aux seins de taupinière marine
Ma femme aux seins de creuset du rubis
Aux seins de spectre de la rose sous la rosée
Ma femme au ventre de dépliement d'éventail des
[jours
Au ventre de griffe géante
Ma femme au dos d'oiseau qui fuit vertical
Au dos de vif-argent
Au dos de lumière
A la nuque de pierre roulée et de craie mouillée
Et de chute d'un verre dans lequel on vient de boire
Ma femme aux hanches de nacelle
Aux hanches de lustre et de pennes de flèche
Et de tiges de plumes de paon blanc
De balance insensible
Ma femme aux fesses de grès et d'amiante
Ma femme aux fesses de dos de cygne
Ma femme aux fesses de printemps
Au sexe de glaïeul
Ma femme au sexe de placer et d'ornithorynque
Ma femme au sexe d'algue et de bonbons anciens

L'amour. De l'idéal au réel

Ma femme au sexe de miroir
Ma femme aux yeux pleins de larmes
Aux yeux de panoplie violette et d'aiguille aimantée
Ma femme aux yeux de savane
Ma femme aux yeux d'eau pour boire en prison
Ma femme aux yeux de bois toujours sous la hache
Aux yeux de niveau d'eau de niveau d'air de terre
[et de feu

ANDRÉ BRETON, *L'Union libre* (1931).
(Publié avec l'autorisation de Mme André Breton).

— Dans quelle mesure la poésie transforme-t-elle la femme ?

[LE GOUT DE L'ABSOLU]

Aurélien est un ancien combattant de la guerre de 1914. Il a passé sept ans sous les armes, et à trente ans il n'est pas encore vraiment intégré à la vie. Il mène une existence désœuvrée de jeune homme riche, dans un monde de snobs. Il est resté immaturé, et ne sait pas vouloir. Il s'éprend de Bérénice, une petite bourgeoise de province qui n'offre rien de bien remarquable : « La première fois qu'Aurélien vit Bérénice, il la trouva franchement laide » (p. 9), sinon peut-être son nom, qui semble la prédestiner à un amour impossible, et le fait que parmi les femmes plus ou moins faisandées qui entourent Aurélien elle est la seule femme naturelle. Cet amour, qui chemine d'abord dans l'inconscient est réciproque, mais ces deux êtres sont trop loin l'un de l'autre pour pouvoir se rejoindre.

« Bérénice avait le goût de l'absolu.
C'est sans doute ce qu'avait vaguement senti Edmond Barbentane quand il avait dit de sa cousine que c'était l'enfer chez soi. Que savait-il d'elle ? Rien

vraiment. Mais il arrive que les hommes devinent les femmes, par un instinct animal, une expérience de mâle qui vaut bien cette divination féminine dont on nous rebat les oreilles. Aurélien, d'abord éveillé par cette expression surprenante, qui cadrait si mal avec la femme qu'il avait tout d'abord aperçue, l'avait oubliée, quand s'était établi entre Bérénice et lui un rapport plus important que les jugements d'un tiers. Ainsi s'approchait-il du gouffre, après avoir été tenté par le gouffre, ne sachant plus qu'il en était un. Et leur roman, le roman d'Aurélien et de Bérénice était dominé par cette contradiction dont leur première entrevue avait porté le signe : la dissemblance entre la Bérénice qu'il voyait et la Bérénice que d'autres pouvaient voir, le contraste entre cette enfant spontanée, gaie, innocente et l'enfer qu'elle portait en elle, la dissonance de Bérénice et de son ombre. Peut-être était-ce là ce qui expliquait ses deux visages, cette nuit et ce jour qui paraissaient deux femmes différentes. Cette petite fille qui s'amusait d'un rien, cette femme qui ne se contentait de rien.

Car Bérénice avait le goût de l'absolu.

Elle était à un moment de sa vie où il fallait à toute force qu'elle en poursuivît la recherche dans un être de chair. Les amères déceptions de sa jeunesse qui n'avaient peut-être pas d'autre origine que cette volonté irréalisable d'absolu exigeaient une revanche immédiate. Si la Bérénice toujours prête à désespérer qui ressemblait au masque doutait de cet Aurélien qui arrivait à point nommé, l'autre, la petite fille qui n'avait pas de poupée, voulait à tout prix trouver enfin l'incarnation de ses rêves, la preuve vivante de la grandeur, de la noblesse, de l'infini. L'infini dans le fini. Il lui fallait enfin quelque chose de parfait. L'attirance qu'elle avait de cet homme se confondait avec des exigences qu'elle posait ainsi au monde. On m'aura très mal compris si l'on déduit de ce qui a été dit de ce goût de l'absolu qu'il se confond avec le scepticisme. Il prend parfois le langage du scepticisme comme du désespoir, mais c'est parce qu'il suppose au contraire une foi profonde, totale en la

Au bord de l'eau

beauté, la bonté, le génie, par exemple. Il faut beaucoup de scepticisme pour se satisfaire de ce qui est. Les amants de l'absolu ne rejettent ce qui est que par une croyance éperdue en ce qui n'est peut-être pas.

Si Bérénice était pour Aurélien le piège auquel il devait fatalement se prendre, il était lui-même pour Bérénice l'abîme ouvert, et elle le savait, et elle aimait trop l'abîme pour n'y pas venir se pencher. Quand, avec cet accent qui ne trompe pas, il lui avait affirmé que jamais de sa vie il n'avait dit *je vous aime* à une femme, pouvait-il imaginer quel aliment de perte, quel feu, il lui donnait ainsi pour se consumer toute sa vie? S'il n'avait pas menti, et de toutes ses forces, de toutes ses ténèbres, elle ne voulait pas qu'il eût menti, n'était-ce pas enfin l'absolu qui s'offrait, la seule chance d'absolu qu'elle eût rencontrée? Il fallait qu'il l'aimât. C'était plus nécessaire que l'air, plus indispensable que la vie. Enfin, dans cet homme mystérieux et simple, dans ce passant de Paris, elle allait se dépasser, atteindre au delà d'elle-même à cette existence qui est à l'existence ce qu'est le soleil à la lumière. Il fallait qu'il l'aimât. L'amour d'Aurélien, n'était-ce pas la justification de Bérénice? On ne pouvait pas plus lui demander d'y renoncer que de renoncer à penser, à respirer, à vivre. Et même est-il sans doute plus facile de mourir volontairement à la vie qu'à l'amour.

Elle ne se demandait pas à quoi l'entraînait qu'il l'aimât. Elle ne se demandait pas si cet amour qu'elle n'avait pas pu laisser passer... et peut-être que d'un mot, d'une réserve, il y avait eu un instant où elle aurait pu l'écarter... si cet amour, elle avait le droit de l'encourager, le droit de l'accepter, de lui donner cette terrible vie. Car l'amour, comme l'homme, meurt à malheur, meurt dans la gêne et les soupirs et les sueurs et les convulsions, et qui lui a laissé prendre la force de souffrir est pis qu'un meurtrier.

Elle ne se demandait pas à quoi l'entraînait qu'il l'aimât, parce qu'elle avait le goût de l'absolu, et que l'amour d'Aurélien portait, à tort ou à raison, les caractères sombres et merveilleux de l'absolu à ses yeux. Et que parce qu'il était l'absolu il portait en lui-même sa nourriture, et donc qu'elle n'avait point à se soucier de l'apaiser plus que de l'éteindre, de le contenter plus que de l'apaiser. Il importait bien peu que de l'amour avoué, reconnu, naquît une grande souffrance. L'amour n'a-t-il pas en soi-même sa fin? Les obstacles mêmes à l'amour, ceux qui ne se surmonteront pas, ne font-ils pas sa grandeur? Bérénice n'était pas loin de penser que l'amour se perd, se meurt, quand il est heureux. On voit bien là repercer le goût de l'absolu, et son incompatibilité avec le bonheur. Au moins bonheur ni malheur n'étaient les communes mesures des actions de Bérénice. Elle était vraiment pire qu'un meurtrier.

ARAGON, *Aurélien*, Gallimard, éditeur, 1944, p. 223-225.

Bérénice est une femme double. Elle présente quand elle a les yeux fermés une mystérieuse ressemblance avec un masque de femme noyée qu'Aurélien a chez lui. Avec son nom de tragédie elle semble incarner un destin. Elle est vouée à souffrir et à faire souffrir. C'est pourquoi son cousin Barbentane, qui est un coureur de femmes et a par là acquis « une expérience de mâle » a dit d'elle que « c'était l'enfer chez soi ». Elle n'est pas de ces êtres ordinaires qui peuvent s'accommoder des compromis de la vie réelle. Il lui faut « l'absolu », c'est-à-dire la perfection dans l'amour, « il lui fallait enfin quelque chose de parfait ».

Mais aux yeux d'Aurélien, qui a oublié le jugement de Barbentane, l'amante de l'absolu est partiellement masquée par la petite provinciale naïve, qui se trouve en vacances à Paris et se laisse éblouir par la vie parisienne. C'est la complexité de cette femme qui la rend attirante. Mais leur amour est fondé sur un malentendu.

La petite fille rêve de réaliser tout de suite, avec Aurélien, ce que la femme recherche. Dans ce monde d'affairistes, de snobs et de viveurs, Aurélien qui sort à peine de la guerre n'est pas encore parfaitement intégré. Il est différent. Elle croit voir en lui ce qu'il n'est pas, c'est-à-dire l'homme capable de lui faire vivre l'amour parfait, alors qu'il est très ordinaire, et qu'il finira par s'adapter à cette société (Aurélien à la fin devient directeur de l'usine de son beau-frère). Cette exigence est irréfléchie ; c'est un coup de tête qui s'explique par son âge : « Elle était à un moment de sa vie où il fallait à toute force ». Elle s'est enflammée sur un indice bien mince : il lui a affirmé qu'il n'avait jamais dit à aucune femme : « Je vous aime ». Elle ne se pose aucune question sur la suite. Elle ne se demande pas si un tel amour n'est pas voué au malheur. Et elle ne se soucie pas de le satisfaire, car « les obstacles mêmes à l'amour (...) ne font-ils pas sa grandeur ? ».

Ce que veut Bérénice, ce n'est pas devenir la maîtresse d'Aurélien, c'est brûler pour lui, ou plutôt pour l'image d'Aurélien qu'elle s'est formée. C'est l'amour courtois qu'elle retrouve, cet amour qui est source de tortures autant que de plaisirs ineffables, et qui ne peut, qui ne doit pas être satisfait. Bien entendu ce rêve ne résistera pas au contact de la vie réelle. Bérénice découvrira qu'Aurélien est un homme ordinaire, et elle fuira.

Aragon a une connaissance très étendue de la littérature du Moyen Age. L'écho de la doctrine des troubadours reparaît en son œuvre. Ainsi s'affirme la permanence d'une tradition.

BIBLIOGRAPHIE

Ouvrages généraux

F. ENGELS. *L'Origine de la famille, de la propriété privée et de l'État*, traduction, Paris, 1954.

R. PONS. *Procès de l'amour*, Paris, 1927.

S. DE BEAUVOIR. *Le Deuxième sexe*, 2 vol., Paris, 1949.

D. DE ROUGEMONT. *L'Amour et l'Occident*, nouvelle édit., Paris, 1962.

D. DE ROUGEMONT. *Les Mythes de l'amour*, Paris, 1967.

Sur le Moyen Age

BELPERRON. *La Joie d'aimer*, Paris, 1948.

Ch. CAMPROUX. *La Joie d'amour des troubadours*, Montpellier, 1965.

J. FRAPPIER. *Chrétien de Troyes*, Paris, 1957.

R. PERNOUD. *La Poésie médiévale française*, Paris, 1947.

LAFFITE-HOUSSAT. *Troubadours et cours d'amour*, Paris, 1950.

R. NELLI. *L'Érotique des Troubadours*, Toulouse, 1963.

M. LAZAR. *Amour courtois et Fin' Amors dans la littérature du XIIe siècle*, Paris, 1964.

L'amour. De l'idéal au réel

M. PAYEN. *Les Origines de la courtoisie dans la Littérature française médiévale*, 2 vol., C.D.U., Paris, 1968, avec une bibliographie plus complète et une discographie.
L. THUASNE. *Le Roman de la rose*, Paris, 1929.

Sur la Renaissance

D. MÉNAGER. *Introduction à la vie littéraire au XVIe siècle*, Paris, 1968, p. 90-96.
J. VIANEY. *Le Pétrarquisme en France au XVIe siècle*, Montpellier, 1909.
H. WEBER. *La Création poétique au XVIe siècle*, 2 vol., Paris, 1956.
H. WEBER. *Platonisme et Sensualité dans la poésie amoureuse de la Pléiade* in *Lumières de la Pléiade*, Paris, 1966.
J. FESTUGIÈRE. *La Philosophie de l'amour de M. Ficin et son influence sur la littérature française du XVIe siècle*, Paris, 1942.
V. L. SAULNIER. *Maurice Scève*, Paris, 1948.
L. FEBVRE. *Autour de l'Heptaméron, Amour sacré, Amour profane*, Paris, 1944.
F. DESONAY. *Ronsard, poète de l'amour*, Bruxelles, 1952-54.
A. GENDRE. *Ronsard, poète de la conquête amoureuse*, Neuchâtel, 1970.
G. REYNIER. *Le Roman sentimental avant l'Astrée*, Paris, 1908.

Sur le XVIIe siècle

P. BÉNICHOU. *Morales du grand siècle*, Paris, 1948.
M. MAGENDIE. *Le Roman français au XVIIe siècle de l'Astrée au Grand Cyrus*, Paris, 1932.
O. NADAL. *Le sentiment de l'amour dans l'œuvre de Pierre Corneille*, 5e édit., Paris, 1948.
J. FABRE. *L'Art de l'analyse dans La Princesse de Clèves* (Publications Faculté des Lettres de Strasbourg, 1946, fasc. 105, p. 261-306).
J. FABRE. *Bienséance et Sentiment chez M*me *de La Fayette* (Cahiers de l'Association internationale des Études Françaises, 1959, p. 33-66).

Sur le XVIIIᵉ siècle

La Nouvelle Héloïse, 2ᵉ édit., Pléiade, Paris, 1961 (Commentaires de B. Guyon).

J. L. LECERCLE. *Rousseau et l'art du roman*, Paris, 1969.

Sur le XIXᵉ siècle

A. BÉGUIN. *L'Ame romantique et le Rêve*, Paris, 1937.

S. CHARLÉTY. *Enfantin*, Paris, 1930.

S. CHARLÉTY. *Histoire du Saint-simonisme*, Paris, 1931.

G. GUSDORF. *Kierkegaard*, Paris, 1963.

M. REGARD. *Sainte-Beuve*, Paris, 1959.

J. BOREL. *Le Lys dans la vallée et les sources profondes de la Création balzacienne*, Paris, 1961.

A. BÉGUIN. *Gérard de Nerval*, Paris, 1945.

L. CELLIER. *Gérard de Nerval*, Paris, 1956.

J. RICHER. *Nerval, expérience et création*, Paris, 1963.

R. DUMESNIL. *L'Éducation sentimentale de Gustave Flaubert*.

Sur le XXᵉ siècle

J. DELAY. *La jeunesse d'André Gide*, 2 vol., Paris, 1956-57.

P. TRAHARD. *La Porte étroite, étude et analyse*, Paris, 1968.

Cl. BORGAL. *Alain-Fournier*, Paris, 1954.

Cl. BORGAL. *Radiguet*, Paris, 1969.

J. MADAULE. *Le génie de Paul Claudel*, Paris, 1933.

M. NADEAU. *Histoire du Surréalisme*, Paris, 1945.

P. DE LESCURE. *Aragon romancier*, Paris, 1960.

R. GARAUDY. *L'itinéraire d'Aragon*, Paris, 1961.

D. NOAKES. *Boris Vian*, Paris, 1965.

QUELQUES SUJETS DE RÉFLEXION

1. Sur le thème en général

— Permanence et évolution du sentiment de l'amour.

— Commentez cette maxime de La Rochefoucauld : « Le plaisir de l'amour est d'aimer, et l'on est plus heureux par la passion que l'on a, que par celle que l'on inspire ».

— Commentez cette pensée de Vauvenargues : « C'est une preuve de petitesse d'esprit, lorsqu'on distingue toujours ce qui est estimable de ce qui est aimable. Les grandes âmes aiment naturellement ce qui est digne de leur estime ».

— Autre pensée de Vauvenargues : « La constance est la chimère de l'amour ».

— Commentez l'une de ces pensées de Chamfort :

« L'amour plaît plus que le mariage, par la raison que les romans sont plus amusants que l'histoire ».

« L'hymen vient après l'amour, comme la fumée après la flamme. »

« On dit communément : « La plus belle femme du monde ne peut donner que ce qu'elle a »; ce qui est très faux : elle donne précisément ce qu'on croit recevoir, puisqu'en ce genre c'est l'imagination qui fait le prix de ce qu'on reçoit ».

— On représente parfois l'amour avec un bandeau sur les

yeux. Cette allégorie vous paraît-elle vérifiée ou mise en question par l'étude des amants auxquels les grandes œuvres littéraires ont donné la vie?

— Étudiez le rôle et la valeur morale de l'amant dans l'histoire du roman d'amour idéalisé.

— L'obstacle dans le roman d'amour.

— La mort dans le roman d'amour.

— Joie et souffrance dans le roman d'amour.

— Le thème de l'étoile dans la poésie amoureuse.

2. Sur des périodes ou des œuvres particulières

— Qu'est-ce que la courtoisie?

— Le parfait amant.

— Les troubadours ont-ils encore quelque chose à nous dire?

— Idéalisation et sensualité dans l'*Astrée*.

— La jalousie dans *La Princesse de Clèves*.

— La guerre des sexes dans *La Princesse de Clèves*.

— L'analyse du sentiment de l'amour dans *La Princesse de Clèves*.

— Vertu et passion dans *La Nouvelle Héloïse*.

— Pourquoi Julie se marie-t-elle?

— Le rôle de la nature dans *Le Lys dans la vallée*.

— Félix de Vandenesse.

— La condition de la femme dans *Le Lys dans la vallée*.

— Frédéric Moreau.

— Le personnage d'Alissa.

— Claudel a écrit de Dante : « De celle qu'il aime, Dante n'a pas accepté d'être séparé, et son œuvre n'est qu'une espèce d'effort immense de l'intelligence et de l'imagination pour réunir ce monde de l'épreuve où il se traîne, ce monde des effets, qui, vu d'où nous sommes, semble le domaine du hasard ou d'une mécanique incompréhensible, au monde des causes et des fins ». Appliquez ce jugement au *Soulier de satin*.

— Expliquez cette formule d'André Breton (*Arcane* 17, p. 40) : « L'amour est la fusion de l'existence et de l'essence ».

— Expliquez cette réflexion d'Aragon (*Le Paysan de Paris, p. 251*) « Le merveilleux, c'est la contradiction qui apparaît dans le réel. L'amour est un état de confusion du réel et du merveilleux. Dans cet état, les contradictions de l'être apparaissent comme réellement essentielles à l'être ».

● INDEX

● INDEX DES THÈMES

● INDEX DES NOMS

(Auteur, ouvrages, personnage)

Index

ACHEVÉ D'IMPRIMER
EN AOUT 1974
SUR LES PRESSES DE LA NÉOGRAVURE-PARIS
Dépôt légal imprimeur n° 10437
3e trimestre 1974
D/1974/0190/102